ADAC
Reiseführer

Rhodos

Von Edda und Michael Neumann-Adrian

Intro

Unterwegs

Simi und Chalki – Erlebnisfahrten zu den Nachbarinseln 113

Rhodos Kaleidoskop

Karten und Pläne

Service

Rhodos aktuell A bis Z 125

Sprachführer 136

Register 140

Rhodos Impressionen

Orient und Abendland zwischen Strandparadiesen und Blütenmeeren

Als Zeus die Erde unter den Göttern verloste, war Helios nicht zugegen, er lenkte seinen Sonnenwagen über die Himmelsbahn. Alles Land war schon aufgeteilt, als er endlich nach Sonnenuntergang auf dem Olymp eintraf, und als sich Helios beschwerte, musste Zeus ihm Recht geben. Auf eine Wiederholung der Verlosung aber verzichtete der **Sonnengott**, er hatte lediglich eine Bitte: Vom Grund des Meeres sähe er eine fruchtbare Insel heraufwachsen, und diese Insel wünsche er sich.

Helios hat gut gewählt, das bestätigen heute Urlauber aus aller Welt. Denn Rhodos ist nicht nur von üppigem Pflanzenwuchs gesegnet, sondern wahrlich von der Sonne verwöhnt. Von April bis in den Oktober hinein scheint sie meist acht bis zwölf Stunden täglich vom blauen Himmel, Regentage kann man an einer Hand abzählen.

Ein Garten Eden voller Vielfalt

Im Gegensatz zu anderen griechischen Inseln, deren **Landschaftsbild** oft nur kahlen Fels und das hartblättrige Buschwerk der Phrygana zeigt, kann Rhodos mit fruchtbaren Ebenen, sattgrünen Hügeln und wildromantischen Tälern wuchern, wie Helios im antiken Mythos schon auf den ersten Blick erkannte. Rund um die Dörfer gedeihen Tomaten, Gurken und Auberginen, auch Kartoffeln können zweimal jährlich geerntet werden. Orangen, Aprikosen, Pfirsiche und Melonen reifen in größeren Plantagen, aber auch hier und da zwischen Mandeln und Feigen am Wegesrand, wo die schmackhaften **Früchte** zum Pflücken einladen. Weithin berühmt ist der **Wein**, der an den Hängen des höchsten Inselberges, des *Ataviros* (1215 m), prachtvoll heranreift und in *Embonas* in vorzüglichen Geschmacksnuancen zu verkosten ist. Genügsam sind Olivenbäume, die überall dort ihre silbrig-grünen Akzente setzen, wo der Boden nicht so gut und das Wasser knapper ist.

Wer das Glück hat, Rhodos im Frühjahr zu erleben, bestaunt in Parks und Gärten, aber auch in Wäldern und auf freiem Feld bis an den Meeressaum das große **Blühen**: Akazien, Margariten, Mohn und

Oben: *An beschaulichem Platz das Leben genießen – Straßencafé in Rhodos-Stadt*
Rechts oben: *Im Reichtum der Natur schwelgen – Olivenhain am Profitis Ilias*
Rechts unten: *Den neuen Tag am Mandraki-Hafen von Rhodos-Stadt begrüßen*

Ginster, Zistrosen und Hibiskus übertrumpfen einander mit leuchtend intensiver Farbenpracht. Sogar die Nase kommt in dieser gesegneten Landschaft nicht zu kurz. In den Wäldern und in der Macchia auf verkarsteten Berghängen atmet man den starken Duft der Aleppokiefern und Pinien sowie die würzigen Aromen von Thymian und Salbei, Lavendel und Oregano.

Diese Umwelt zu bewahren, ist ein Ziel, das auf Rhodos zunehmend an Bedeutung gewinnt. Bisher wurden nur kleine Gebiete unter **Naturschutz** gestellt, wie das idyllisch lauschige Schmetterlingstal *Petaloudes*. Jetzt sollen auch die großen Waldgebiete rund um den Burgfelsen von *Monolithos*, der wie ein steinernes Adlernest über der Küste thront, wirksamen Schutz erhalten.

In einzigartiger Verschmelzung – Orient und Okzident

All die verschwenderische Blüten- und Pflanzenwelt ist für die meisten Rhodos-Urlauber freilich nur Zugabe zu anderen Vorzügen dieser viertgrößten Insel Griechenlands. Unvergesslicher Höhepunkt

ist ein Besuch der Inselkapitale **Rhodos-Stadt**, die mit ihrer faszinierenden Mischung abendländischer und orientalischer Kultur eine der schönsten Städte Europas ist. Im einstigen *Ritterviertel* des Johanniterordens in der von mächtigen Mauern umgebenen Altstadt taucht der Besucher in die Welt des Mittelalters ein. In unmittelbarer Nachbarschaft der spätgotisch-strengen *Paläste* ragen die Minarette osmanischer *Moscheen* wie Zeigefinger aus der eindrucksvollen Stadtkulisse, setzen Säulenreste antiker *Tempel* und frühchristliche *Kirchen* weitere malerische Akzente. Kostbare Kunstschätze von der Antike bis in die Neuzeit sind im Großmeisterpalast und anderen bedeutenden *Museen* zu bewundern. Aber neben dieser Fülle an Sehenswürdigkeiten bietet Rhodos-Stadt auch erholsame Ruhe und angenehmen Müßiggang. Zahlreiche *Tavernen* an beschaulichen Plätzen laden zur Rast, kleine Läden locken in den orientalischen *Basarstraßen* zum Schauen und Kaufen, auf dem Weg zum belebten *Strand* in der Neustadt lässt man sich von der fröhlich-bunten Atmosphäre am *Mandraki-Hafen* einfangen und verweilt bei dem herrlichen Ausblick auf die alten Windmühlen und das Meer.

Oben: *Weiß-strahlende Klosteridylle im wilden Inselsüden – Moni Skiadi*
Unten: *Johanniterburg im Blütenmeer des Frühjahrs – Kastro Kamiros*
Rechts oben: *Antike im nächtlichen Lichterglanz – Apollon-Pythios-Tempel auf dem Monte Smith hoch über Rhodos-Stadt*
Rechts Mitte: *Kostbarer Freskenschmuck – ›Christi Himmelfahrt‹ in Moni Thari*

Touristischer Trubel und ländliche Einsamkeit

Wer sich aus dem Stadtbereich und seinem weniger reizvollen modernen Vorortgürtel entfernt, der sich bis zu den großen Touristenzentren **Faliraki** im Osten und **Ialyssos** an der Westküste erstreckt, findet sich unversehens in einer noch weitgehend ländlichen Welt wieder. Oft liegen auf Rhodos nur wenige Kilometer zwischen den einsamen Landstrichen im hügeligen Hinterland und der urbanen Kultur der großen Hotels und gepflegten Restaurants an trubeligen Stränden, wo *Freizeitspaß* und *Discorausch* die Sommernächte erfüllen.

Das Erlebnis verschwiegener Buchten, verträumter alter Ortschaften und abgelegener Plätze in ungestörter Natur ist trotz über einer Million Feriengäste jähr-

lich auf Rhodos noch immer möglich. Besonders abseits der Küste trifft man häufig inmitten von Kiefernwäldern und saftig grünen Tälern unvermutet auf ursprüngliche **Dörfer**, die vom Tourismus scheinbar unberührt sind, auf bezaubernde kleine **Kirchen** und mittelalterliche **Klöster**, die im Innern mit kostbaren Fresken beeindrucken.

Spuren einer wechselvollen Geschichte

Ruinen antiker Städte wie **Vroulia** im Süden oder **Kamiros** im Westen finden sich im romantischen Ambiente wilder Macchia, umgeben von Berghängen und dem türkisblauen Meer. Reste einstiger Kultstätten wie auf dem hinreißend schönen Akropolisfelsen von **Lindos** bezeugen den Glanz, den Rhodos in seiner Blütezeit erlebte. Diese Ära nahm mit der Entwicklung der antiken *Stadtstaaten* Ialyssos, Kamiros und Lindos ihren Anfang und fand mit der Gründung von Rhodos-Stadt 408 v. Chr. als neuer Hauptstadt einen grandiosen Höhepunkt. Diese planmäßig angelegte Metropole, die einst sogar Athen an Größe Konkurrenz machte, erzählt wie kein anderer Ort die wechselvolle Geschichte einer Insel, die aufgrund ihrer Lage an der küstennahen Hauptschifffahrtsstraße zwischen Ägypten und Syrien einerseits und den griechischen Städten rund um die Ägäis andererseits als strategisch wichtiger Stützpunkt stets heftig umkämpft war. In der Zeit des **Hellenismus** erfolgreichste griechische Handelsmacht im östlichen Mit-

telmeer, verlor Rhodos unter der Herrschaft der **Römer** ab 164 v. Chr. an Bedeutung. Doch in der Zeit der **Byzantiner**, ab dem 4. Jh. n. Chr., schwang sich die Insel trotz Erdbeben, Überfällen und Invasionen zu neuer wirtschaftlicher Autorität auf und erlebte schließlich nach der Eroberung durch die **Johanniter** im Jahr 1309 eine weitere große Blüte. Über 200 Jahre verweilten die christlichen Ordensritter auf Rhodos und hinterließen zahlreiche prachtvolle Burgen und Paläste, als sie sich 1522 der Übermacht von Sultan Süleyman dem Prächtigen ergeben mussten. Nach den **Osmanen**, deren Moscheen bis heute an ihre beinahe vier Jahrhunderte lange Herrschaft erinnern, kamen 1912 die **Italiener**, die Rhodos bis 1947 regierten und der Insel ebenfalls eindrucksvolle Bauwerke bescherten. Seither sind Rhodos und die übrigen Inseln des Dodekanes wieder ein Teil **Griechenlands**.

Ferien für jeden Geschmack

Mit seinen zahlreichen Besuchern aus aller Welt ist Rhodos mittlerweile vorwiegend eine Insel der Urlauber, die hier fast alle Ferienwünsche verwirklichen können. Je nach Gusto und Neigung bieten sich nahezu unerschöpfliche Möglichkeiten zu **sportlicher Aktivität**. Ob mit dem Surfbrett oder mit Wasserskiern auf den Wellen, ob tauchend oder mit Schnorchel in einer faszinierenden Unterwasserwelt zwischen felsigen Buchten, ob mit Wanderschuhen oder dem Mountainbike auf bergigen Höhen oder als Tenniscrack auf den Plätzen der Hotels – das aktionsbetonte Freizeitprogramm lässt sich auf Rhodos äußerst abwechslungsreich gestalten.

Wer stattdessen **Ruhe und Erholung** sucht, kann sich in menschenleeren Strandbuchten faul in der Sonne aalen, gemütlich im Kafenion an der Platia eines kleinen Dorfes sitzen oder bei einem Spaziergang durch einsame Hügellandschaften in friedvoller Stille die üppige Natur genießen. Für das leibliche Wohl sorgen

unzählige **Restaurants und Tavernen**, die auf beschirmten Terrassen mit schönem Ausblick Spezialitäten der griechischen Küche servieren. Größe und Qualität der Lokale variieren zwischen luxuriösen Gourmettempeln und bescheidenen Dorfgaststätten, zwischen Fastfood-Abfertigung und traditioneller Gastfreundschaft. Ähnlich breit ist die Auswahl an **Unterkünften**, die vom prachtvollen Nobelhotel mit Fünfsterneservice bis zum Apartment für Selbstversorger reicht. Dazwischen liegen moderne Betonburgen mit gutem Komfort für den Massenbetrieb und schlichte kleine Pensionen in Familienhand.

Die vergleichsweise geringen Entfernungen auf Rhodos geben dem Besucher zudem die Freiheit, bequem und ohne langwierige Anfahrt **Ausflüge** in alle Regionen der Insel zu unternehmen. Als liebenswerte Zugaben bieten sich Schiffsfahrten übers Meer zu den faszinierenden Nachbarinseln **Simi** und **Chalki** oder aufs türkische Festland nach Marmaris.

Der Reiseführer

Dieses Buch stellt die Ferieninsel Rhodos sowie ihre beiden Nachbarn Simi und Chalki in **fünf Kapiteln** vor. Die Autoren beschreiben Landschaften, Städte und Dörfer, Wanderwege und Badebuchten, historische Architektur und lebendiges Brauchtum sowie die vielfältige Flora der Insel. Die **Top Tipps** bieten Empfehlungen zu den besonderen Sehenswürdigkeiten, Hotels, Restaurants, Stränden, Naturschönheiten etc. **Übersichtskarten** und **Stadtpläne** erleichtern die Orientierung. Den Besichtigungspunkten sind **Praktische Hinweise** mit Tourismusbüros sowie persönlichen Hotel- und Restaurantempfehlungen angegliedert.

Der Teil **Rhodos aktuell A bis Z** bietet, alphabetisch geordnet, Nützliches von Informationen vor Reiseantritt über Einkaufs- und Sportmöglichkeiten bis zu Verkehrsmitteln. Hinzu kommt ein umfassender **Sprachführer**. Interessante Kurzessays des **Kaleidoskops** zu verschiedenen Themen runden den Reiseführer ab.

Links oben: *Sportlich aktiv – die Attraktionen der Insel mit Mountainbike erkunden*
Links unten: *Ruhe mit Komfort – einsamer Strand mit Taverne an der Ladiko Bay*
Oben: *Verwöhnprogramm für Feinschmecker – griechische Spezialitäten frisch zubereitet*
Mitte: *Ferienstimmung pur mit Sonnenschirm, Liegestuhl und dem türkis-blauen Meer am Sandstrand von Kiotari*

Geschichte, Kunst, Kultur im Überblick

Weltweiter Handel und wechselnde Herren

um 5000 v. Chr. In einer Höhle unterhalb der Akropolis von Lindos entdeckte neolithische Werkzeuge sind die ältesten Besiedlungsspuren auf Rhodos.

um 2500 v. Chr. Karer wandern vom anatolischen Festland auf Rhodos ein. An das vermutlich vorindoeuropäische Volk erinnern noch Ortsnamen wie Katavia und Ataviros.

1300 v. Chr. Die Insel ist von den Mykenern besiedelt, wie 27 Gräberstätten und fünf nachgewiesene Siedlungsplätze, z. B. in Ialyssos, bezeugen. Der Schiffskatalog in Homers Ilias, der von zwölf rhodischen Schiffen im Krieg gegen Troja berichtet, stammt wahrscheinlich schon aus dieser Zeit.

ab 1000 v. Chr. Dorische Stämme wandern über Kreta ein und besiedeln die mykenischen Städte Ialyssos, Lindos und Kamiros. Sie entwickeln in den folgenden Jahrhunderten eine lebhafte Handelstätigkeit.

8. Jh. v. Chr. Ialyssos, Lindos und Kamiros schließen den ›Sechsstädtebund‹ (Hexapolis) mit der Insel Kos sowie den beiden Städten Halikarnassos und Knidos (im nahen Kleinasien, heute Türkei).

7. Jh. v. Chr. Die rhodischen Städte gründen gemeinsam mit den Kretern die Kolonie Gela auf Sizilien sowie gemeinsam mit Milet Apollonia am Schwarzen Meer und demonstrieren so ihren Machtgewinn. Um 700 v. Chr. besteht eine prächtige, planmäßig angelegte Stadt mit rechtwinkligem Straßensystem an der Südspitze der Insel bei Katavia (späterer Name: Vroulia), von der heute nur noch Mauerreste zu sehen sind. – Es entsteht ein typisch rhodischer orientalisierender Vasenstil mit Tierdarstellungen und Pflanzenornamenten. Zur reich verzierten Keramik kommen auch kunstvolle Goldschmiedearbeiten mit Rosetten und figuralen Darstellungen, beide Formen zeugen vom Glanz dieser Epoche.

6. Jh. v. Chr. Die drei Städte Ialyssos, Lindos und Kamiros sind unabhängige Gemeinwesen – das beweisen ihre Münzen unterschiedlicher Prägungen – und haben die Insel unter sich aufgeteilt. Sie treiben regen Handel mit Korinth und anderen griechischen Städten sowie mit Ägypten und Syrien. Von Rhodos aus wird Phaselis an der kleinasiatischen Küste gegründet, westlich vom heutigen Antalya.

491/490 v. Chr. Das persische Großreich unterwirft Rhodos.

480 v. Chr. In der entscheidenden Seeschlacht von Salamis kämpfen die Rhodier mit 40 Schiffen auf der Seite der Perser gegen die Griechen.

477 v. Chr. Die Rhodier gehören zu den Verlierern der Perserkriege, sie müssen dem Delisch-Attischen Seebund unter Führung des siegreichen Athen beitreten. Athen beutet die Insel durch hohe Tribute aus und lässt die Mauern von Ialyssos, Lindos und Kamiros schleifen.

411 v. Chr. Im Peloponnesischen Krieg stellt sich die Insel gegen Athen und auf die Seite Spartas.

408 v. Chr. Nach einem Überfall Athens auf Rhodos

Eindrucksvoll in einer Talsenke der Westküste mit weitem Blick übers Meer liegen die Ruinen des antiken Stadtstaates Kamiros und erinnern an dessen einstige Bedeutung

Der Koloss von Rhodos im 3. Jh. v. Chr. nach der Grafik Fischer von Erlachs, 1721 ▷

beschließt der Adel von Ialyssos, Kamiros und Lindos, die Souveränitäten ihrer drei Städte in einer einzigen neuen Inselhauptstadt zusammenzufassen (Synoikismus) und gründet an der Nordspitze der Insel Rhodos-Stadt, die Reißbrett-Metropole.

358 v. Chr. Rhodos wird von dem persischen Satrapen Maussolos vereinnahmt, der im kleinasiatischen Halikarnassos residiert. Wirtschaftlich geht es der Insel gut, eine Einnahmequelle ist der Weinexport nach Ägypten.

333 v. Chr. Der Makedonierkönig Alexander der Große besiegt mit einem griechischen Heer die Perser und macht dadurch auch der persischen Oberherrschaft über Rhodos ein Ende.

323 v. Chr. Nach seinem Tod wird die von Alexander auf der Insel stationierte makedonische Besatzung durch die Rhodier von der Insel vertrieben.

305–304 v. Chr. Der Feldherr Demetrios Poliorketes, einer der Nachfolger (Diadochen) Alexanders des Großen, belagert Rhodos vergebens.

292 v. Chr. Aus zurückgelassenem Kriegsmaterial des Demetrios lassen die Rhodier als Zeichen ihrer Widerstandskraft eine gigantische Statue des Sonnengottes Helios, den Koloss von Rhodos, anfertigen (ihr Standort ist bis heute jedoch nicht bekannt). Schon 226 v. Chr. vernichtet ein Erdbeben dieses als Weltwunder bezeichnete Denkmal.

3. Jh. v. Chr. Rhodos entwickelt sich zu einem bedeutenden Umschlagplatz im Getreidehandel und neben Alexandria und dem aufstrebenden Pergamon zum wichtigsten Kulturzentrum der hellenistischen Epoche im östlichen Mittelmeer.

ca.226 v. Chr. Ein heftiges Erdbeben zerstört Kamiros.

2. Jh. v. Chr. Rhodische Bildhauerkunst und Architektur blühen, es entstehen z. B. Skulpturen wie die ›Laokoon‹-Gruppe und der ›Farnesische Stier‹ sowie die Säulenhallen auf der Akropolis von Lindos. Rhodos-Stadt (mind. 60 000 Einw.), ist führende Handelsstadt und maßgebend in Schifffahrt und Schiffbau. Das in Stein gehauene Relief eines schwungvollen Schiffsbugs unterhalb der Burg von Lindos zeugt von dieser Zeit.

Aus der Blütezeit der Antike: Helioskopf und Aphroditen im Archaiologiko Moussio in Rhodos-Stadt (links) und Relief eines Schiffes im Burgfelsen von Lindos (rechts)

Weithin bekannt ist die rhodische Rhetoren-(Redner)-schule.

166 v. Chr. Rom erklärt die Insel Delos zum Freihafen und schwächt so die wirtschaftliche Vormachtstellung von Rhodos, dessen wichtigste Einnahmequelle gemindert wird.

164 v. Chr. Rhodos muss einen ›Bündnisvertrag‹ mit Rom unterzeichnen, nachdem seine Politik des Kräfteausgleichs zwischen Rom und den Mächten im östlichen Mittelmeer fehlgeschlagen ist.

um 135–50 v. Chr. Der aus dem syrischen Apameia stammende Stoiker Poseidonios findet nach dem Studium in Athen seine Wahlheimat auf Rhodos und wird zum viel bewunderten Geographen, Historiker und Philosophen. Seine Vorträge werden sogar von berühmten Denkern wie dem Römer Cicero besucht. Auch Politiker wie Caesar und Brutus führt das Interesse an der rhodischen Kultur in die Rhetorenschule.

42 v. Chr. In den Wirren nach Caesars Ermordung wird Rhodos vom Heer des Cassius geplündert, die Flotte zerstört und eine römische Besatzung auf die Insel gelegt. Cassius lässt 3000 rhodische Statuen wie z. B. die ›Laokoon‹-Gruppe und andere Kunstschätze nach Rom abtransportieren.

58 n. Chr. Der Apostel Paulus kommt nach Rhodos, die Legende berichtet von seiner Landung in der heutigen Agios Pavlos Bay von Lindos.

263 Ein erfolgloser Eroberungsfeldzug der Goten unterbricht die lange Friedenszeit der ›Pax Romana‹.

389 Das Christentum wird Staatsreligion im Römischen Reich, also auch auf Rhodos. Der orthodoxe Glaube prägt den Kirchenbau und die religiöse Kunst.

395 Bei der Teilung des Römischen Reiches wird Rhodos Teil Ostroms und untersteht damit dem byzantinischen Kaisertum.

515 Rhodos wird von einem Erdbeben heimgesucht, das zahlreiche antike Gebäude zerstört. Um diese Zeit wird Rhodos-Stadt, das jetzt nur noch 6000–7000 Einwohner zählt, innerhalb eines kleineren Mauerrings wieder aufgebaut.

um 620 Der Perserkönig Chosrau erobert die Insel und kann seine Herrschaft etwa zwei Jahre gegen die Rhodier behaupten.

7.–8. Jh. Araber verüben zahlreiche Überfälle auf Rhodos. Die frühen byzantinischen Kirchen werden zerstört. Zum Schutz vor Beutezügen durch Piraten werden Dörfer wie z. B. Afandou ins Landesinnere verlegt.

11.–13 Jh. Rhodos wird mit Billigung der Byzantiner Zwischenstation der Kreuzzugsflotten auf dem Weg ins Heilige Land. Nach der Eroberung Palästinas ist die Insel Überfällen der konkurrierenden Seemächte Genua und Venedig ausgesetzt und steht zeitweise nur noch nominell unter byzantinischer Herrschaft. Im frühen 13. Jh. wirft sich ein Gouverneur kretischer Herkunft zum souveränen Herrn der Insel auf, um 1300 herrscht der Genuese Vignolo di Vignoli.

1309 Mit päpstlichem Segen wird Rhodos vom Ritterorden der Johanniter erobert, die mit dem Fall von Akkon (1291) ihre letzten Positionen im Heiligen Land verloren haben.

1476–1505 Pierre d'Aubusson, Großmeister der Johanniter, bereitet die Insel zur

Die Eroberung von Rhodos durch die Osmanen 1522, Buchmalerei des 16. Jh., Bibliothèque Nationale, Paris ▷

Abwehr der drohenden osmanischen Invasion vor. Auch außerhalb von Rhodos-Stadt errichten die Ritter mächtige Burgen, so bei Kritinia und Monolithos im Westen, bei Asklipio im Inselinneren, bei Charaki und Lindos an der Ostküste. Die Insel ist noch immer wichtiger Umschlagplatz im Orienthandel.

1480 Sultan Mehmet II. Fatih, der Eroberer Konstantinopels, belagert mit großer Übermacht Rhodos, kann aber abgewehrt werden.

1522 Die Johanniterritter können sich einer erneuten Belagerung durch 200 000 Mann nicht erwehren und erhalten nach ihrer Kapitulation von Sultan Süleyman II. (dem Prächtigen) freien Abzug. Rhodos wird für fast 400 Jahre türkische Provinz. Die griechische Bevölkerung der Insel genießt allerdings Privilegien: Ihre Söhne dürfen z. B. nicht zwangsweise zu den Janitscharen (Elitetruppen christlicher Herkunft) ausgehoben werden.

16. Jh. Es bildet sich eine zahlenmäßig schwache muslimische Bevölkerungsgruppe, die prächtige Moscheen errichtet. Verschwörungen der griechischen Geistlichkeit werden 1571 schon im Ansatz rigoros niedergeschlagen.

18.–19. Jh. Epoche des friedlichen Zusammenlebens der christlichen, muslimischen und jüdischen Bevölkerung auf der Insel. Die rhodischen Kaufleute kommen im Seehandel mit Venedig und den Küstenstädten des Osmanischen Reiches zu Wohlstand und errichten ansehnliche Wohnbauten wie die ›Kapitänshäuser‹ in Lindos.

1830 Griechenland befreit sich mit Hilfe westeuropäischer Mächte von den Türken. Rhodos bleibt Teil des Osmanischen Reiches.

1912 Nach einem Sieg über die Türken bei Psinthos nahe Afandou besetzen die Italiener die Insel, die nach dem Ersten Weltkrieg endgültig von der Türkei abgetreten werden muss. Unter italienischer Herrschaft werden Wälder aufgeforstet, Straßen gebaut, zahlreiche repräsentative Neubauten errichtet, antike Ruinen teils rekonstruiert und die Befestigungen der Johanniter sowie der Großmeisterpalast restauriert. Als eine erste touristische Einrichtung entsteht das Heilbad Thermes Kallithea im Art-déco-Stil.

Auf dem Weg ins Exil: der griechische König Konstantin II. und seine Frau nach dem Staatsstreich 1967

1943 Nach dem Sturz Mussolinis wird Rhodos von deutschen Truppen besetzt. Ein großer Teil der jüdischen Bevölkerung auf Rhodos wird durch die Nationalsozialisten in Konzentrationslager verschleppt.

1945 Britische Truppen befreien Rhodos von den Deutschen, die Insel kommt unter britische Militärverwaltung.

1947 Rhodos und die anderen Inseln des Dodekanes werden im Pariser Friedensvertrag von den Siegermächten Griechenland zugesprochen.

1967 Durch einen Staatsstreich gelangt eine Militärdiktatur in Griechenland an die Macht, König Konstantin II. flieht. Das ›Regime der Obristen‹ regiert bis 1974.

1975 Nach einer Volksabstimmung wird Griechenland demokratische Republik.

1981 Griechenland tritt der EU bei. Im Zuge von umfassenden Verbesserungen der Infrastruktur in den folgenden Jahren wird auf Rhodos der große Flughafen Diagoras bei Paradissi ausgebaut, kleine Fischerdörfer entwickeln sich zu touristischen Zentren mit Hotelburgen. Der Fremdenverkehr entwickelt sich zu einem bedeutenden Wirtschaftsfaktor, in Folge entstehen viele neue Arbeitsplätze auf Rhodos.

1988 Die EU-Gipfelkonferenz findet auf Rhodos statt.

1997 Die Zahl der Urlauber übersteigt erstmals die Millionengrenze.

2004 Ein Erdbeben der Stärke 5,5 auf der Richterskala erschüttert Rhodos im Februar. Menschen kommen nicht zu Schaden.

2005 In Rhodos-Stadt findet in der zweiten Junihälfte das ›Ecofilms‹ Filmfestival des Umwelt-Dokumentrafilms mit weltweiter Beteiligung statt.

Atemberaubend – die weißen Häuser von Lindos und türkisblaue Buchten zu Füßen des grandiosen Tempelberges

Unterwegs

Der Norden – ehrwürdige Metropole an der von Stränden gesäumten Inselspitze

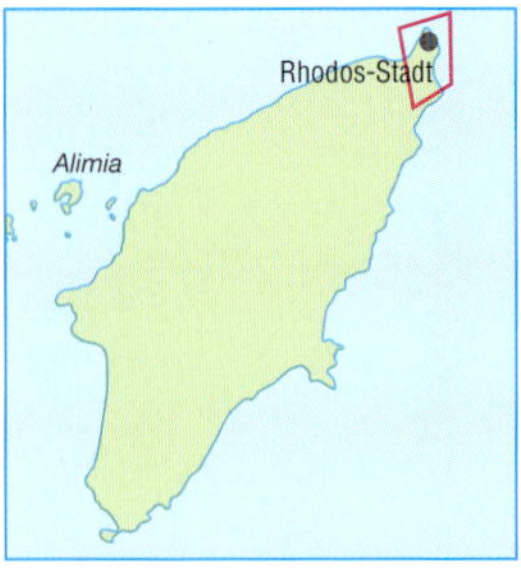

An der äußersten Nordspitze von Rhodos liegt die faszinierende Inselmetropole **Rhodos-Stadt**, die den Besucher mit ihrer einzigartigen Mischung *mittelalterlicher* und *osmanischer Architektur* und ihrem harmonischen Nebeneinander von beschaulicher Ruhe und betriebsamer Hast zwischen einheimischer Geschäftigkeit und touristischem Trubel begeistert. Von Zinnen bewehrte Stadtmauern und gepflegte zweigeschossige Altbauten zwischen Palmen und blühenden Gärten prägen das *Stadtbild*, in dem die Kuppeln und Minarette von Moscheen eindrucksvolle Akzente setzen. An *orientalische Basare* erinnern die Gassen mit ihren unzähligen kleinen Läden. Sie münden auf schöne baumbestandene Plätze mit *Restaurants* und *Cafés*. Malerisch bunt ist das Ambiente am lebhaften *Mandraki-Hafen*, wo Boote für Ausflüge zu den Nachbarinseln ablegen und die Neustadt mit ihrer von Hotels gesäumten *Strandzone* beginnt. Ein wenig Atmosphäre wie aus vergangenen Tagen ist auch den beiden Dörfern **Asgourou** und **Koskinou** in der Nachbarschaft der Metropole eigen.

1 Rhodos-Stadt

Plan hintere Umschlagklappe

TOP TIPP *Eindrucksvolle Metropole mit Ritterpalästen der Johanniter, antiken Ruinen und viel Orientzauber.*

Imposant und wehrhaft erheben sich die mittelalterlichen *Stadtmauern* rund um die **Altstadt** mit dem einzigartig erhaltenen *Ritterviertel* der Johanniter sowie den Moscheen, Kirchen, Museen und anderen interessanten Sehenswürdigkeiten. Sie alle bezeugen eine wechselvolle Stadtgeschichte unter der Herrschaft von Griechen, Römern und Osmanen.

Unmittelbar vor dem Mauerring ankern die Ausflugsboote und Jachten im fotogenen *Mandraki-Hafen*, an dem auch die von italienischen Bauten des frühen 20. Jh. geprägte **Neustadt** beginnt. Lärmende Verkehrshektik beherrscht die Hauptstraßen, doch nur wenige Schritte entfernt locken Palmenpromenaden mit beschaulicher Ruhe. Moderne Hotels entlang der beliebten *Strandzone* sowie eine Vielzahl von Tavernen, Bars und Boutiquen bieten touristischen Komfort in angenehmer Nähe zur Altstadt.

Südwestlich der Neustadt, etwas außerhalb des Zentrums, erhebt sich der **Monte Smith** (111 m), auf dessen Anhöhe die antike *Akropolis* mit ihren archäologischen Fundstätten und Rekonstruktionen einstiger Bauwerke zu finden ist. Trotz dieser Fülle architektonischer und atmosphärischer Szenarien bleibt Rhodos-Stadt mit ihren rund 55 000 Einwohnern überschaubar, und alle Sehenswürdigkeiten sind bequem zu Fuß zu erreichen.

Geschichte Als Reißbrett-Metropole mit einem gleichmäßigen Raster schnurgerade verlaufender Straßen gründeten die drei damaligen rhodischen Hauptorte *Kamiros*, *Ialyssos* und *Lindos* im Jahre 408 v. Chr. auf der bisher unbesiedelten Nordspitze der Insel eine neue **Inselhauptstadt**, deren Größe annähernd die Ausmaße Athens erreichte. Sie erstreckte sich von der Anhöhe des Monte Smith bis hinunter zu vier großen Hafenbecken, von welchen drei bis heute erhalten sind. Durch diesen urbanen Zusammenschluss der bisherigen Machtzentren an *einem* strategisch günstigen Standort wurde Rhodos zu einem politisch einflussreichen Faktor in dem fortdauernden Tauziehen der griechischen Stadtstaaten *Athen* und *Sparta* um die Vorherrschaft in der Ägäis [s. S. 13].

Die junge **Republik** blühte schon bald wirtschaftlich auf – die rhodischen Silbermünzen mit dem Helioskopf wurden im 4. Jh. v. Chr. sogar internationales Zahlungsmittel. Doch erst als die Makedonier unter dem jugendlichen *Alexander* 335 v. Chr. ihren Siegeszug gegen die Großmacht Persien begannen und die führende Rolle in der Ägäis übernahmen, konnten sich die Rhodier dem Einfluss Athens und Spartas entziehen, indem sie sich auf die Seite der neuen Machthaber stellten.

Bis zum Tod Alexanders des Großen 323 v. Chr. hatte sich Rhodos zu einem bedeutenden politischen, wirtschaftlichen und kulturellen Zentrum entwickelt. Die Insel war sogar stark genug, den übermächtigen Angriff des gefürchteten Alexandernachfolgers *Demetrios Poliorketes* abzuwehren, und setzte diesem Erfolg mit einer gigantischen Statue des Sonnengottes Helios, dem **Koloss von Rhodos**, ein Denkmal, das von den Zeitgenossen als Weltwunder bestaunt wurde [s. S. 47]. Wie vermutlich auch große Teile der Stadt fiel das Denkmal jedoch schon 226 v. Chr. einem Erdbeben zum Opfer. Während die Trümmer des Kolosses liegen blieben, erstrahlte die Inselkapitale nach einem umfangreichen Wiederaufbau bald in neuem Glanz.

Die Ära des **Hellenismus** (3./2. Jh. v. Chr.) brachte Rhodos einen Boom des Handels und *Schiffbaus*. Rhodische Kaufleute kontrollierten den *Getreidehandel* mit Ägypten und den Schwarzmeerküsten, den beiden ›Brotkörben‹ der antiken Welt. Mit ihren kleinen *Kriegsschiffen*, die vor allem wegen ihrer Schnelligkeit gefürchtet waren, bekämpften die Rhodier die Piraterie. Rhodos hatte damals vermutlich etwa 60 000–80 000 Einwohner. Der wirtschaftliche Aufschwung dieser Zeit war auch einem Regierungssystem zu verdanken, das den Einfluss der ›großen Familien‹ mithilfe *demokratischer Wahlen* für die wichtigsten Ämter und deren Vergabe nur für einen begrenzten Zeitraum eindämmte. Für die Armen gab es sogar öffentlich finanzierte Lebensmittel, und insgesamt verwirklichte die rhodische Republik eine *soziale Harmonie*, die in der griechischen Antike ihresgleichen suchte.

Dieser Blütezeit folgte jedoch ein stetiger Abstieg mit dem Erstarken der neuen Macht **Rom**, die die Vorherrschaft im östlichen Mittelmeer beanspruchte und Rhodos im Jahr 164 v. Chr. zu einem *Bündnisvertrag* zwang, mit dem die Insel auch ihre Autonomie einbüßte. Als Rom

Ein großartiger Anblick – trutzig und machtvoll ragen die mittelalterlichen Stadtmauern von Rhodos-Stadt gleich hinter dem Kai des Emborio-Hafens auf

der Kykladeninsel Delos den Status eines Freihafens zugestand, wurde der einträgliche Seehandel der Rhodier, die wichtigste Quelle ihres Reichtums, empfindlich beeinträchtigt. Der Ruf ihrer *kulturellen Leistungen* dagegen nahm keinen Schaden. Es gab Redner- und Philosophenschulen von großer Ausstrahlung, die viele gebildete, reiche Römer nach Rhodos führte. Zu den Hörern des renommierten Philosophen, Geographen und Ethnographen *Poseidonios* zählten solche Berühmtheiten wie Cicero. Auch Cato, Caesar und Pompeius studierten hier. Das natürliche Klima der Insel ebenso wie das kulturelle lockte sie alle an, Rhodos galt in der römischen Kaiserzeit als Bewahrer der klassischen griechischen Kultur.

Der politische und wirtschaftliche *Bedeutungsverlust* brachte Rhodos-Stadt bis zum 4. Jh. n. Chr., als das **byzantinische Kaiserreich** Rom ablöste und die Herrschaft über die griechischen Inseln übernahm, eine Verringerung seiner Einwohnerzahl auf etwa 6000–7000. Entsprechend beschränkte sich der Wiederaufbau der Stadt durch die Byzantiner nach einem erneuten starken Erdbeben 515 n. Chr. auf ein im Vergleich zur Fläche der Antike wesentlich kleineres Areal, das nun auch ein *engerer Mauerring* umschloss. Rhodos-Stadt hatte zudem den Status der Kapitale verloren, zuständiger Hauptort des byzantinischen Verwaltungsbezirks wurde im 7. Jh. *Attaleia* an der anatolischen Südküste, die heutige Touristenhochburg Antalya.

Trotz wiederholter Angriffe und Verwüstungen – u. a. 629 durch die *Perser* sowie 653 und 717 durch die *Araber* – und der zeitweisen Machtübernahme durch einen kretischen Gouverneur Anfang des 13. Jh. und des Genuesen *Vignolo di Vignoli* um 1300 fand die Herrschaft der Byzantiner auf Rhodos erst mit der Eroberung der Insel durch die Kreuzritter des **Johanniterordens** [s. S. 20] 1309 ein Ende. Rhodos-Stadt erhielt schon bald neue *Stadtmauern*, das noch heute in seiner ganzen Schönheit erhaltene *Ritterviertel* mit dem Großmeisterpalast, einem Hospital sowie den zahlreichen Herbergen des Ordens entstand, der *Emborio-Hafen* wurde ausgebaut. In Zusammenarbeit mit den ersten europäischen Banken in Florenz, die sich nun mit ihren Filialen in der Stadt etablierten, blühte bald der *Seehandel mit Luxusgütern* auf, mit Pfeffer und Safran, Seide, Parfüm, Honig und Bienenwachs. Der Johanniterorden, der durch seine besondere Struktur karitative Aufgaben und militärische Schlagkraft, politisches Geschick und kommerzielles Management miteinander verband, machte Rhodos reich. Genau 213 Jahre währte seine Herrschaft über die Insel, lange Zeit im friedlichen Austausch mit der nahen osmanisch regierten Küste Kleinasiens, von der u. a. Weizen eingeführt wurde.

Nachdem die Johanniter 1480 noch den Ansturm der **Türken** durch das übermächtige Heer von *Sultan Mehmet II.* Fatih abwehren konnten, mussten sie sich 1522 schließlich *Süleyman dem Prächtigen* geschlagen geben, der mit einer Flotte von 280 Schiffen und etwa 200 000

Fromm, kriegerisch und mächtig – die Johanniter

Die imposanten Befestigungsanlagen des Johanniterordens auf Rhodos vermitteln eher den Eindruck einer militärischen Macht als den einer rein **karitativen Organisation**, als die er ursprünglich ins Leben gerufen worden war – und heute wieder ist.

Keimzelle des Ordens war ein um die Mitte des 11. Jh. in Jerusalem gegründetes, Johannes dem Täufer geweihtes **Pilgerhospital**, das von Benediktinermönchen geführt wurde. Ein gewisser Pierre Gérard soll hier Ende des 11. Jh. den Orden der Hospitaliter ins Leben gerufen haben. Nach der Eroberung Palästinas im Ersten Kreuzzug (1096–99) verbreitete sich der Ruf seiner Leistungen in der Krankenpflege bald in ganz Europa und brachte 1113 die päpstli-che Anerkennung der Bruderschaft als **Ritterorden** vom Hospital des hl. Johannes zu Jerusalem. Schnell erfuhr der Orden einen beachtlichen Zuwachs an meist adeligen ›Mitgliedern‹, die den Johannitern mit ihren Einnahmen aus Ländereien in ganz Europa sowie ihrem Einfluss an dortigen Königshöfen großen Wohlstand eintrugen.

Die Errichtung neuer Ordensniederlassungen in den wichtigsten Mittelmeerhäfen und schließlich die Schaffung einer eigenen **Flotte** waren im Verlauf des 12. und 13. Jh. die Folge. Ihre schnellen Schiffe ermöglichten den Kreuzrittern, die sich nun verstärkt für den Kampf gegen die ›Ungläubigen‹ einzusetzen begannen, nicht nur einen intensiven Seehandel, sondern unter dem Deckmantel des christlichen Glaubenskrieges auch lukrative Kaperfahrten gegen osmanische Schiffe.

Neben ihrer wirtschaftlichen Potenz spielte auch ihre Mitglieder-Konstellation eine wichtige Rolle bei der Entwicklung der Johanniter zu der neben dem Templerorden bedeutendsten europäischen **Kriegsmacht**. Während die Führungsschicht des Ordens, der grundsätzlich nur **Adelige** als Ritter angehörten, vor allem für politische, kriegerische und wirtschaftliche Belange – z. B. die Pflege von diplomatischen Beziehungen zu den europäischen Höfen, die Bekämpfung der Osmanen, den Mittelmeerhandel oder die Verwaltung von Ländereien und Plantagen – zuständig war, kümmerten sich Priester und Laienbrüder weiterhin um karitative Aufgaben wie die Krankenpflege. Oberhaupt des Ordens war der jeweils auf Lebenszeit gewählte **Großmeister**, der absolute Befehlsgewalt besaß. Die Ritter wurden in acht Sprachgruppen, den ›**Zungen**‹ (frz. langue = Sprache, Zunge), zusammengefasst, die auch die damaligen lehnsherrschaftlichen Verhältnisse berücksichtigten. So gab es neben den beiden spanischen ›Zungen‹ von Aragon und Kastilien drei französische: die ›Zunge‹ von Frankreich, die der Provence und die Aquitaniens. England, Italien und Deutschland waren mit je einer ›Zunge‹ repräsentiert.

Ihr erheblicher **Einfluss** als Handels- und Kriegsmacht im Mittelmeerraum ermöglichte den Kreuzrittern auch nach ihrer Vertreibung aus Palästina und Syrien 1291 und einem kurzen Aufenthalt auf

Reliefschmuck an der Stadtmauer: Erzengel mit dem Ordenswappen (links), Greif und Löwe mit dem Wappen von Pierre d'Aubusson (rechts)

Zypern den Aufbau einer neuen Machtposition auf **Rhodos** ab 1309 und nach der Niederlage gegen die Truppen Süleymans des Prächtigen 1522 die Fortsetzung ihrer Herrschaft auf **Malta** – wo sie sich Malteser nannten.

Das Ende ihrer militärischen Schlagkraft bedeutete 1798 der Angriff Napoleons auf Malta, der die Kapitulation der Ordensritter erzwang. Versuche, erneut eine Niederlassung in Italien oder in der Ägäis zu errichten, schlugen fehl. Seit 1830 genießen die Johanniterritter – die inzwischen ihre militärischen Interessen aufgegeben haben – Exil im Vatikan. Der 1879 aus dem Ritterorden hervorgegangene katholische **Malteser Hilfsdienst** und die 1852 gegründete evangelische **Johanniter Unfallhilfe** widmen sich heute wieder ausschließlich karitativen Aufgaben.

Bewaffneten Rhodos sechs Monate lang belagerte. Die Johanniter kapitulierten und mussten die Insel am 1. Januar 1523 verlassen. Sie konnten nach acht Jahren Malta als neuen Stützpunkt übernehmen. Die Türken besetzten die Altstadt und zwangen deren bisherige Bewohner, sich außerhalb der Stadtmauern neue Häuser zu errichten. Innerhalb des Mauerrings entstanden bald prachtvolle *Moscheen*, doch wurde die mittelalterliche Struktur des Zentrums weitgehend unberührt gelassen. Trotz ihrer nahezu vier Jahrhunderte dauernden Herrschaft blieben die Türken auf Rhodos stets eine Minderheit: Um 1900, als das Osmanische Reich bereits zum ›kranken Mann am Bosporus‹ geworden war, lebten rund 7000 Muslime, mehr als 20 000 Christen und rund 4000 Juden auf der Insel.

Die Schwäche des Osmanischen Reiches nutzend, besetzte 1912 eine Streitmacht von 15 000 Italienern Rhodos, das als militärischer Stützpunkt im damaligen *italienisch-türkischen Krieg* wieder an Bedeutung gewann. Für Rhodos-Stadt brachte die **italienische Okkupation** neben einer Vielzahl von repräsentativen Gebäuden im venezianisch-maurischen Stil der 1920er-Jahre im Bereich der *Neustadt* vor allem eine intensive Restaurierung der *mittelalterlichen Viertel* sowie die Rekonstruktion antiker Gemäuer der *Akropolis* auf dem Monte Smith.

Ein Ort malerischer Beschaulichkeit: der Mandraki-Hafen mit seinen fotogenen Windmühlen aus dem 15. Jh., weißen Jachten und eleganten Seglern lädt zum Verweilen ein

Nach dem Sturz Mussolinis 1943 bombardierten **deutsche Truppen** die Insel und besetzten sie. Bis 1944 deportierten sie etwa 1600 *Juden* in deutsche Konzentrationslager, nur ein Teil dieser seit dem späten Mittelalter auf der Insel beheimateten Bevölkerungsgruppe war rechtzeitig geflüchtet. Die *Synagoge* im einstigen Judenviertel in der Altstadt von Rhodos-Stadt erinnert noch an die ursprünglich 4000 Menschen zählende jüdische Gemeinde und deren schreckliches Schicksal.

Im Mai 1945 landeten die **Briten** auf der Insel, zwangen die Deutschen zur Kapitulation und stellten Rhodos unter britische Militärverwaltung, bis 1947 durch die Alliierten die Aufnahme der Insel in den **griechischen Staat** geregelt wurde. Der *Tourismus*, an dessen Anfänge unter italienischer Herrschaft in der 1920er-Jahren auf Rhodos noch der eine oder andere nostalgische Hotelpalast erinnert, macht seither die Stadt mit ihren einzigartigen Zeugnissen einer 2500-jährigen Geschichte alljährlich wieder zu einem Treffpunkt von Menschen aus aller Welt.

Spaziergang durch das Mittelalter – das Ritterviertel

Das einst von einem eigenen Mauerring innerhalb der Stadtmauern geschützte Ritterviertel (Kollachium) liegt im nördlichsten Teil der Altstadt. Hier errichteten die Johanniter die *Herbergen* ihrer Landsmannschaften, das *Ordenshospital* sowie den imposanten *Großmeisterpalast*. Der Rundgang durch dieses Viertel, in dem man unversehens in ein *mittelalterliches Ambiente* von großartiger Geschlossenheit eintaucht, ist für jeden Besucher ein besonderes Erlebnis. Dem trägt auch seine Aufnahme in die **UNESCO Weltkulturerbe-Liste** im Jahr 1998 Rechnung.

Idealer Ausgangspunkt für eine Besichtigung ist der stets belebte, von *Ausflugsbooten* und Souvenirständen gesäumte **Mandraki-Hafen** [s. S. 43] mit seinen als Fotomotiv beliebten drei *Windmühlen*, nur wenige Schritte von den zwischen Palmen und subtropischem Grün aufragenden, mächtigen Altstadtmauern entfernt. Durch das **Elefterias-Tor** 1 (Freiheitstor), das erst 1924 von den Italienern als Durchfahrt für den Autoverkehr in den alten Mauerring gebrochen wurde, gelangt man auf die *Platia Simi*, wo die Fußgängerzone beginnt. An der Südseite des Platzes befindet sich das umzäunte Ausgrabungsareal des antiken **Aphroditetempels** 2 aus dem 3. Jh. v. Chr. Von der einstigen Kultstätte sind jedoch nur noch einige Säulentrommeln und Grundmauern zu bewundern.

An der Westseite der Platia gibt die **Dimotiki Pinakotiki Rodou** 3 (Städtische Gemäldegalerie, Mo–Sa 8–14, Di und Fr auch 17–20, So 8–13 Uhr, im Winter kürzer) die seltene Chance, moderne griechische Kunst zu sehen. Zu ihren wichtigsten Vertretern zählen der Autodidakt *Theofilos* (1868–1934) mit seinen teils naiv anmutenden Bildern und *Fotis Kontoglu* (1896–1965), der byzantinische Traditionen in seiner Malerei zu neuem Leben erweckte, sowie die expressionistisch inspirierten Künstler *Dimitris Vitsoris* (1902–1945) und *Triandafyllos Patraskidis* (geb. 1945). Künftig soll die Gemäldegalerie an die Platia G. Charitou im Norden der Stadt verlegt werden.

Das inseltypische Chochlaki-Pflaster aus hochgestellten Kieseln unter den Füßen, erreicht man nach wenigen Schritten die *Platia Argirokastrou*, die von nüchternen Natursteinbauten der Johanniter umrahmt wird. Üppige Bougainvillea und das Wappen des Ordensmeisters Roger de Pins schmücken an der Südseite des Platzes die schlichte, aus grauen Quadern bestehende Fassade des **Alten Hospitals** 4 aus dem 14. Jh., in dem pflegebedürftige Pilger versorgt wurden. Sehenswert mit seinen Möbeln, Textilien, Holzschnitzereien und farbigen Keramiken des Dodekanes aus dem 15.–19. Jh. ist das in einer dreischiffigen Halle des Alten Hospitals untergebrachte **Moussio Kosmitiki Syllogi Rodou** (Museum für Dekorative Kunst, Di–So 8.30–15 Uhr).

Gegenüber, an der Ostseite des Platzes, hatten südfranzösische Ritter ihr Versammlungs- und Beratungshaus in der schmucklos-strengen **Herberge der Auvergne** 5. Fast verspielt wirkt dagegen der Anfang des 20. Jh. in der Platzmitte aufgestellte kleine *Brunnen*, der aus einer antiken Säule und einem Taufbecken zusammengesetzt wurde. Beide Stücke stammen von den Ruinen einer frühchristlichen Kirche in Agia Irini [s. S. 92]. Durch einen aus Natursteinen gemauerten Torbogen betritt man die *Platia Moussio* mit einem wunderschönen Ensemble sakraler und weltlicher Bauten, in denen u. a. das Byzantinische und das Archäologische Museum ihre Schätze prä-

Bauteile der Antike in neuer Funktion: Brunnen an der Platia Argirokastrou

Blühende Pflanzenzier verleiht den Resten des antiken Aphroditetempels besonderen Reiz

Der Kirchenraum der Panagia tou Kastrou ist festlicher Rahmen des Byzantino Moussio

TOP TIPP sentieren. In der feierlichen Atmosphäre der ehem. Kirche **Panagia tou Kastrou** (›Maria von der Burg‹) zeigt das **Byzantino Moussio** 6 (Di–So 8.30–15 Uhr) an der Ostseite des Platzes *Ikonen* und Reste mittelalterlicher *Wandmalereien* des 14.–18. Jh. Sehenswert sind vor allem Fresken des 17. Jh. aus der Klosterkirche Moni Thari [Nr. 18], die eine ältere Schicht von Wandmalereien überdeckten und daher abgenommen wurden, sowie Fresken des 14. Jh. aus einer Kirchenruine auf der Insel Chalki [Nr. 40]. Neben den ausgestellten Bildwerken verdient der hohe *Kirchenraum* der Panagia tou Kastrou besondere Beachtung. Der wohl schon im 11. Jh. entstandene Kreuzkuppelbau war ursprünglich eine griechisch-orthodoxe Kathedrale und wurde Anfang des 14. Jh. von den Johannitern zu einer dreischiffigen Basilika umgebaut, die dem katholischen Bischof übereignet wurde. Veränderungen ab dem 15. Jh. durch die Osmanen, die den Bau als Moschee nutzten und ihm an der Südwestecke ein Minarett zur Seite stellten, wurden nach der Eroberung der Insel durch die Italiener Anfang des 20. Jh. weitgehend rückgängig gemacht, vom *Minarett* ist nur noch der Stumpf sichtbar.

An der Westseite der Platia Moussio hat man einen der Höhepunkte rhodischer Ritterarchitektur vor sich. Das von außen vor allem durch seine Schlichtheit beeindruckende **Neue Hospital**, das heute würdiger Rahmen des Archäologischen Museums ist, trägt sein Baudatum 1440 in einer lateinischen Inschrift über dem Hauptportal. Eingeweiht wurde der stattliche Vierflügelbau, dessen *Fassade* nur durch eine Folge vertiefter Bögen im Erdgeschoss und die dreiseitige Apsis der

Harmonie der Proportionen: Arkadenhof des Archaiologiko Moussio im Neuen Hospital

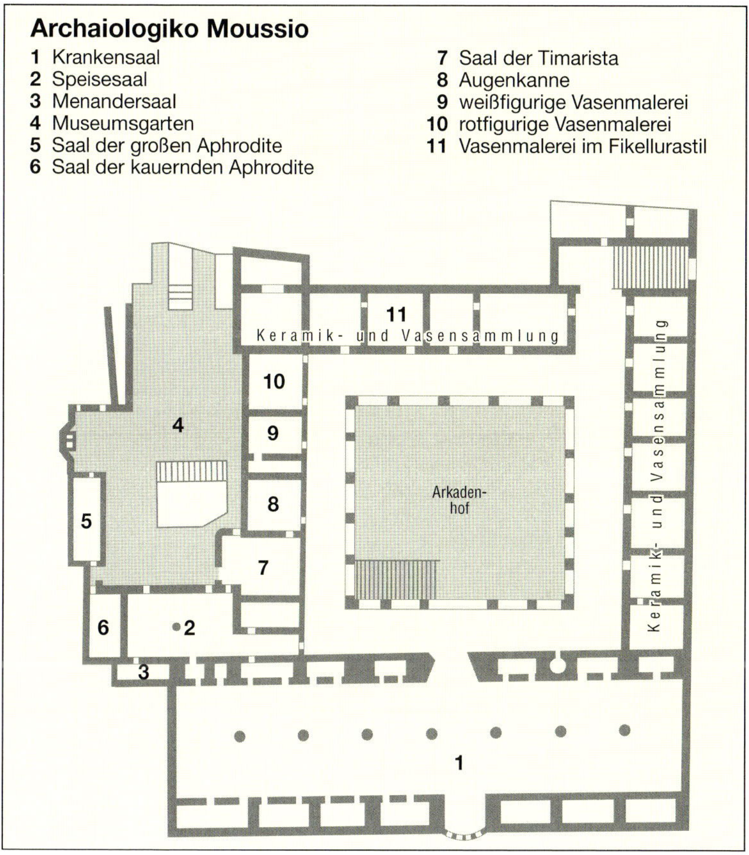

Krankensaalkapelle im Obergeschoss gegliedert ist, jedoch erst 1489. Kreuzgratgewölbe und eine neuzeitliche Freitreppe schmücken seinen zweistöckigen *Arkadenhof*. Die heute dort aufgestellte Löwenskulptur stammt aus dem 2. Jh. v. Chr. und gehört zum **Archaiologiko Moussio** 7 (Sommer Di–So 8–19, Winter Di–Sa 8.30–14.30 Uhr), dem aufgrund der Fülle antiker Meisterwerke wichtigsten Museum der Insel. Gleich am Anfang des *Rundgangs* beeindruckt im kleineren Seitenhof, den man auf dem ausgeschilderten Weg zum Obergeschoss passiert, ein herrliches *frühchristliches Bodenmosaik* mit dekorativen Mustern von der Nachbarinsel Karpathos. *Antike Grabstelen*, teils mit Reliefs, die Abschiedsszenen der Lebenden von den Verstorbenen zeigen, und andere Skulpturen hellenistischer (3./2. Jh. v. Chr.) sowie römischer Zeit (1. Jh. v. Chr.–3. Jh. n. Chr.) sind im Arkadengang des Obergeschosses aufgestellt.

TOP TIPP

Hinter der nüchternen Fassade des ehem. Neuen Hospitals verbergen sich die Kunstschätze des Archaiologiko Moussio

Ein Ort der Muße: romantisch verträumt wirkt der Museumsgarten des Archaiologiko Moussio mit seinen zwischen grünem Pflanzenwerk stehenden Skulpturen

Von dort betritt man den früheren **Krankensaal** [1]. Sieben achteckige Pfeiler mit Wappen an den Kranzkapitellen teilen diese imposante Halle (12 × 51 m) in zwei Schiffe. Ihre gewaltige Raumwirkung wird durch rein funktionale Architektur unterstützt. Eine Fundgrube für heraldisch Interessierte sind die zahlreichen ausgestellten mittelalterlichen *Wappen* und *Grabsteine*, die teils mit Inschriften versehen sind.

Gefühlvoller Abschied von der Mutter: Grabstele der Timarista und Kritio

Durch den einstigen **Speisesaal** [2] kommt man zum kleinen **Menandersaal** [3], in dem einige bedeutende rhodische Skulpturen des 3. Jh. v. Chr.–3. Jh. n. Chr. zu sehen sind: Beachtung verdient ein *Marmorkopf*, der als Bildnis des Theaterdichters Menander bezeichnet ist. Die Forscher sind sich jedoch weder über die Identität des Dargestellten noch über die Datierung des bis auf Nase und Kinn gut erhaltenen Kopfes einig: Während die einen ihn eben als Menander (ca. 342–293 v. Chr.) deuten, vermuten andere in ihm ein Porträt des Römers Vergil (70–19 v. Chr.), wieder andere ein Werk aus der Schule des großen Praxiteles (ca. 370–330 v. Chr.) oder ein Abbild des Dichters Theokrit (300–260 v. Chr.) aus Syrakus.

Ein malerisches Ambiente, das zum Verweilen einlädt, bietet die von begrünten Mauern umschlossene Dachterrasse, ein **Museumsgarten** [4] mit scheinbar zufällig zwischen üppig blühendem Pflanzenwerk aufgestellten Skulpturen und Skulpturfragmenten. In einer Wandnische ist ein *Rundaltar* aus späthellenistischer Zeit (ca. 1. Jh. v. Chr.) mit der Darstellung eines Totenmahls präsentiert, davor steht die Doppelskulptur eines *Delphinpaars* (2. Jh. v. Chr.), die vermutlich einst ein Grabmal schmückte.

Mit zwei Glanzstücken des Museums kann der **Saal der Großen Aphrodite** [5] an der Südseite des Gartens aufwarten. Blickfang ist der mit weit geöffneten Augen verträumt himmelwärts schauende marmorne *Kopf des Helios*, ein hochberühmtes Werk des 2. Jh. v. Chr. Ursprünglich trug der Sonnengott über seinem orientalisch fülligen Gesicht und dem lockigen Haar einen vergoldeten Strahlenkranz, der in den beiden Bohrlöchern an seinem Hinterkopf befestigt war, leider jedoch nicht erhalten ist. Man nimmt an, dass der Kopf Teil der Kultstatue des Heliostempels war, der sich vermutlich an der Stelle des Großmeisterpalastes befunden hat. Seinen Namen verdankt der Raum der überlebensgroßen Marmorstatue der *Großen Aphrodite*, die 1929 nahe dem Grande Albergo delle Rose [s. S. 47] aus dem Meer geborgen wurde. Dieses Meisterwerk des 4. Jh. v. Chr. wird auch die ›Schamhafte‹ genannt, da die griechische Göttin ihre Hüllen nicht gänzlich hat fallen lassen. Während sie mit abgewandtem Gesicht zur Seite blickt, hält sie mit der Linken den oberen Saum ihres Gewandes auf halber Höhe des Körpers fest.

An der Südostecke des Gartens liegt der Eingang zum **Saal der Kauernden Aphrodite** [6]. In einer Vitrine ist die kleine Marmorfigur der knieenden Liebesgöttin zu bewundern, die im 1. Jh. v. Chr. von einem unbekannten rhodischen Bildhauer geschaffen wurde. Die zierliche *Aphrodite* scheint in dem Augenblick dargestellt, als sie gerade dem Bad entstiegen ist und mit beiden Händen ihre Haarfülle umfasst, um sie zu trocknen. Als Vorbild diente dem Künstler eine nicht mehr erhaltene lebensgroße Bronzestatue (3. Jh. v. Chr.) des Doidalsas aus dem kleinasiatischen Bithynien.

Zarte Momentaufnahme nach dem Bade: Marmorstatue der Kauernden Aphrodite

Auf der anderen Seite des Gartens liegt der Eingang zum **Saal der Timarista** [7]. Bedeutendstes Kunstwerk ist die *Grabstele der Timarista und Kritio*, die um 420/410 v. Chr. in Kamiros entstand. Die äußerst sensibel geschilderte Szene des Abschieds der Timarista von ihrer Tochter Kritio, die in Trauer über den Tod ihrer Mutter den Kopf gesenkt und die rechte

Mit seiner Fülle kostbarer Werke der Bildhauerkunst aus der Blütezeit des antiken Rhodos ist das Archaiologiko Moussio das bedeutendste Museum der Insel

Hand zu einem letzten Gruß erhoben hat, zählt zu den stimmungsvollsten Reliefs der Antike. In einem kleinen **Seitenraum** zieht der dreiteilige *Untersatz eines Weihwasserbeckens* aus Kamiros den Blick auf sich. Diese Skulptur des 7. Jh. v. Chr. ist zusammengesetzt aus drei liegenden Löwen, auf deren Rücken jeweils eine Frau steht, die sich an Halsleinen und am Schwanzende des Tieres festhält. Ebenfalls aus Kamiros stammt der *Torso eines Kouros* des 6. Jh. v. Chr. Die überlebensgroße nackte Jünglingsfigur ist geprägt von der beinah abstrakten, statischen Strenge der archaischen Kunst.

In den übrigen Sälen, die alle von dem Arkadengang um den Innenhof aus erreichbar sind, ist die große **Keramik- und Vasensammlung** des Museums untergebracht. Hervorzuheben sind im ersten Raum eine große **Augenkanne** [8] aus den Keramikfunden der Nekropolen von Ialyssos (9.–6. Jh. v. Chr.) mit dem Augenmotiv rechts und links vom Ausguss sowie im angrenzenden Raum schöne Beispiele von **weißfiguriger Vasenmalerei** [9] des 6. Jh. v. Chr. aus den Gräbern von Ialyssos. Attische und rhodische, meist **rotfigurige Vasenmalerei** [10] des 6.–4. Jh. v. Chr. mit Darstellungen von Kämpfenden, Tanzenden und Musizierenden sind nebenan zu bewundern. Besonders interessant sind die einer lokalen Kunsttradition entstammenden **Vasenmalereien im Fikellurastil** [11] im westlichen Flügel des Arkadengangs. Charakteristisch für den nach einer Nekropole an der Westküste nahe Kamiros benannten Stil sind Friese mit Halbmondmotiven, die sich in bravourösen Kompositionen mit geometrischen und floralen Dekorbändern sowie Tierfriesen voller Löwen und Rebhühner abwechseln.

Zwischen spätgotischen Palästen – die Ritterstraße

Als ob die reichen Kunstschätze des Archaiologiko Moussio nicht genug wären, wartet gleich um die Ecke des Museum schon die nächste Attraktion der Stadt. Gesäumt von spätgotischen Natursteinpalästen des 14./15. Jh. steigt die eindrucksvolle **Odos Ippoton** 8 (Ritterstraße) bergan, deren Erhaltungszustand als Ensemble mittelalterlicher Architektur in Europa einzigartig ist. Heute sind es die Touristen, die der chochlaki-gepflasterten Straße stets reichlich Leben verleihen. In der Zeit der Johanniter (1309–1522) tummelten sich hier Reiter und junge Herren mit halblangem Haar unter roten Kappen, in leuchtend roten Überwürfen mit den weißen Johanniterkreuzen darauf. Belebt wurde die Ritterstraße auch durch den Klang verschiedener Sprachen, da die einzelnen ›Zungen‹ [s. S. 20] des Ordens hier ihre Herbergen hatten. Dort trafen sich die Ritter zum Speisen

Faszinierend bei Tag und bei Nacht: die mittelalterliche Odos Ippoton mit ihrer einzigartig gut erhaltenen Architektur aus der Zeit der Johanniterritter im 14./15. Jh.

und zu Beratungen, empfingen und bewirteten wichtige Besucher, als Wohnungen dienten jedoch andere Gebäude im Ritterviertel.

Die **Herberge der Italiener** 9 befand sich im dritten Haus auf der rechten Straßenseite. Die schlichte Fassade wird nur durch vier Fenster sowie durch einen breiten Torbogen, der für Pferd und Wagen genug Platz bot, und ein spitzbogiges Portal gegliedert, über dem das diagonal gestreifte *Wappen* des Großmeisters Fabrizio del Carretto zu sehen ist. Er vollendete den Bau 1519.

Imposanter mit seinen Zinnen wirkt das übernächste Gebäude, die **Herberge der Franzosen** 10. Die Zahl 1492 über dem wieder leicht spitzbogigen Portal bezeichnet das Baujahr. Außer den *Adelswappen* der Großmeister Emery d'Amboise und Pierre d'Aubusson sieht man auch das des französischen Königs mit den drei bourbonischen Lilien.

Das etwa zu gleicher Zeit erbaute kleinere Gebäude gegenüber war wohl ein **Palast der Spanier** 11, wie das Portal im katalanischen Stil vermuten lässt. Romantisch überwachsen zeigt sich hinter hohem Eisengitter ein *Brunnenhof* mit schlanken Palmen – ein schöner Kontrast zu der nüchternen Strenge der Fassaden.

Wieder auf der rechten Straßenseite tritt man in einen schmalen Gang zwischen den Gebäuden und steht vor dem **Haus des Prinzen Djem** 12. Hier soll der verbannte Bruder des Sultans Bayazet II. Anfang des 16. Jh. als Gast des Großmeisters gewohnt haben. Die Hoffnung der Johanniter, mit dieser guten Tat einen politischen Trumpf im Konflikt mit den Osmanen zu besitzen, war allerdings vergeblich.

Zierlich und altersgrau wirkt die nahe gelegene kleine Kreuzkuppelkirche **Agia Triada** 13 aus dem 12./13. Jh. Die Marienfigur neben dem Portal ist jüngeren Datums, und auch im Inneren haben nur wenige Reste der ursprünglichen Malerei die osmanische Nutzung als Moschee während des 16.–19. Jh. überdauert.

Neben der Kirche wird die Straße von einem großen gemauerten Bogen mit Fenster überspannt, der zwei stattliche Gebäude miteinander verbindet: rechts die **Herberge der Provence** 14 mit der Jahreszahl 1518 und dem Wappen Frankreichs über dem Portal, links die **Herberge der Spanier** 15, in deren Fassade sich ein breiter Torbogen zu einer Hintergasse öffnet. Wie die meisten Paläste der Ritterstraße werden auch diese beiden heute von Kulturinstitutionen genutzt, sodass der Zutritt nur offiziellen Besuchern gestattet wird.

Mächtiges Bollwerk: von zwei Türmen flankiertes Hauptportal des Großmeisterpalasts

Grandios und gewaltig – der Großmeisterpalast

Monumentaler Abschluss der Ritterstraße ist rechts der Platia Kleovoulou der hoch aufragende **Großmeisterpalast** 16 (Palati Ippoton, im Sommer Mo 12.30–19, Di–So 8–20, im Winter Di–So 8.30–14.30 Uhr). Die Johanniter fanden zu Anfang des 14. Jh. diesen Teil der heutigen Altstadt bereits befestigt vor und begannen wohl schon in den 1320er-Jahren die bestehende Burg zu verstärken und zum Großmeisterpalast zu erweitern. Genauere **Baudaten** fehlen, aber die mächtigen Rundtürme, die das Hauptportal flankieren, stammen – wie auch der Rundturm rechts davon – aus der *Johanniterzeit*. Vieles musste nach dem türkischen Angriff und dem *Erdbeben* 1480/81 neu aufgeführt werden. Nach der Eroberung der Insel durch die Türken 1522 wurde die wehrhafte Anlage nur noch als Gefängnis genutzt. Der gewaltigen *Explosion* eines vergessenen Pulverdepots in der Kirche *Agios Ioannis* [s. S. 33] gegenüber fielen 1856 das Got-

Großmeisterpalast

1 Hauptportal
2 Trophäensaal
3 Laokoonsaal
4 Medusasaal
5 Saal mit Kreuzrippengewölbe
6 Arkadensaal
7 Kanzlei
8 Musiksaal
9 Speisesaal
10 Saal des Thyrsos
11 Saal mit Nymphe
12 Saal mit Delphinen
13 Saal des Poseidon und Polybotes
14 Saal der Verkündigung
15 Saal des Amor
16 Saal der neun Musen
17 Saal mit Chorgestühl

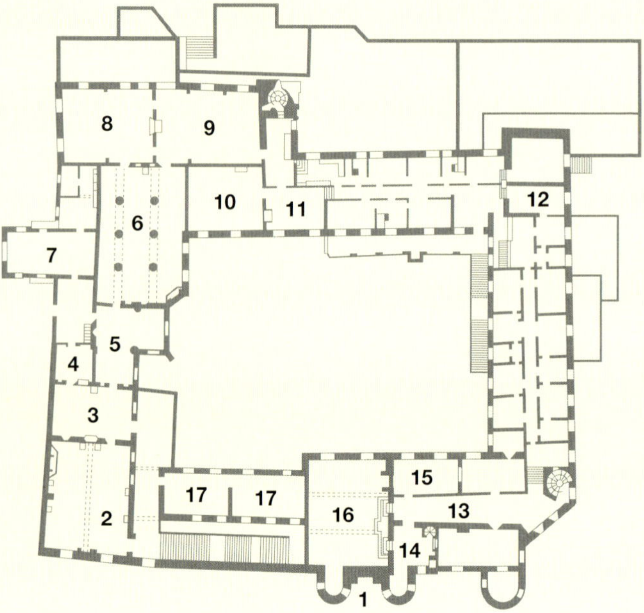

teshaus selbst und das Obergeschoss des Palastes zum Opfer. Erst unter der Herrschaft der *Italiener* wurde der Großmeisterpalast 1937–40 als ein der spätmittelalterlichen und der Renaissance-Architektur nachempfundenes Bauwerk neu errichtet. Er sollte als *Prestige-Residenz* für König Viktor Emanuel III. und den Diktator Mussolini dienen, die jedoch beide nie nach Rhodos kamen. Bis heute blieb in der Torhalle vor dem Aufgang zum Obergeschoss die pathetische *Gedenktafel* des Gouverneurs Cesare Maria de Vecchi an ihrem Platz, die den Abschluss des Palastbaus im Jahre 1940, »im Jahr 18 des faschistischen Zeitalters«, verkündet.

Reizvoller Durchblick: Statuen zieren die Arkaden im Innenhof des Großmeisterpalasts

Vor allem wegen der überaus kostbaren *Kunstschätze*, mit denen die Säle reichhaltig ausgestattet sind, aber auch wegen der würdevollen Atmosphäre der einzelnen Räume lohnt ein ausgedehnter *Palastrundgang*. Vom großen südlichen Vorhof – von dem aus man auch auf die Stadtmauer [s. S. 36] gelangen kann – tritt man durch das mächtige **Hauptportal** [1] und eine Vorhalle in den weiträumigen, umbauten **Innenhof**. Unter den Arkaden aufgestellte *Marmorstatuen* des 1. Jh. v. Chr.. von der Insel Kos, die mit Marmor eingelegte *Pflasterung* und die klare Gliederung der Baukörper verleihen dem Hof feierliche Würde. Der Weg in den Palast führt zuerst zur **Palastkapelle** mit einer schönen bronzenen Kopie der Nikolaus-Statue von Donatello (1386–1466) und einer etwas süßlich gemalten Marienverkündigung des 20. Jh.

Als großzügige Halle mit Bogenstellungen präsentiert sich der **Trophäensaal** [2] im Obergeschoss. Gleich gegenüber dem Treppenaufgang sind u. a. die rhodische Marmornachbildung einer *Rüstung* mit Helm aus dem 1. Jh. n. Chr. und *Mosaiken aus Kos* mit der Darstellung von Delphinen, einem Schmetterlingsfänger und Fischern zu bewundern.

Unter den etwa 8 m hohen Decken des anschließenden **Laokoonsaals** [3] kommt die monumentale Kopie (Anfang 20. Jh.) der berühmten *Laokoongruppe* mühelos zur Geltung. Das Original dieser grandiosen Darstellung menschlicher Ohnmacht in den Vatikanischen Museen Roms wurde von rhodischen Künstlern Anfang oder Mitte des 1. Jh. n. Chr. geschaffen. Dank Plinius d. Ä. kennt man sogar ihre Namen: *Hagesander*, *Polydoros* und *Athanadoros*. Ihr schon in der Antike hoch geschätztes Werk stellt den trojanischen Priester Laokoon mit seinen zwei Söhnen dar, die nach einer Opfergabe am Meer von zwei riesigen Schlangen angegriffen und getötet werden. Athena strafte sie derart, weil Laokoon die Trojaner vor dem hölzernen Pferd der Griechen gewarnt hatte.

Kraftvolle Inszenierung: die von rhodischen Künstlern geschaffene Laokoongruppe

Der kleine **Medusa-Saal** [4] verdankt seinen Namen einem *Mosaikfußboden* aus Kos, der das Haupt dieses Ungeheuers mit dem versteinernden Blick zeigt – hier aber nicht grauenerregend, sondern mit den Schlänglein im rötlichen Haar eher elegant wirkend.

Der rechts benachbarte **Saal mit Kreuzrippengewölbe** [5] ist mit kostbaren *Renaissance-Möbeln,* vor allem Truhen, ausgestattet. Dahinter öffnet sich der dreischiffige **Arkadensaal** [6] als größter Raum im Palast. Die antiken Säulen sowie die feinen geometrischen Mosaikdekors aus der Basilika Agios Ioannis von der Insel Kos sind Zugaben des italienischen Neuaufbaus; im Mittelalter wa-

Blickfang ohne versteinernde Wirkung: das von der Insel Kos stammende Fußbodenmosaik der Medusa zählt zu den schönsten antiken Kunstwerken im Großmeisterpalast

ren die Böden mit farbigen Marmorplatten oder Keramikkacheln ausgelegt.

In der seitlichen **Kanzlei** [7], die der italienische Gouverneur Maria de Vecchi benutzte, imponiert ein mächtiger *Schreibtisch* aus dem 16. Jh., dessen Beine als Meerjungfrauen gestaltet sind. Im *Fußbodenmosaik* des 5. Jh. aus Kos entdeckt man christliche Symbole: Kelch, Granatapfel und die Trauben des Paradieses.

Nördlich schließen **Musiksaal** [8] und **Speisesaal** [9] an, die jedoch meist verschlossen sind. Den **Saal des Thyrsos** [10] ziert unter noblem Lüster aus Muranoglas ein rhodisches *Fußbodenmosaik* des 3. Jh. v. Chr., das den Thyrsos zeigt, den mit Weinlaub umwundenen Stab des Dionysos. An der Wand hat ein *Chorgestühl* des 16. Jh. seinen Platz gefunden.

Sehr hübsch, wenn auch stark restauriert ist im kleinen **Saal mit Nymphe** [11] das *Mosaik* (1. Jh. v. Chr.) mit der Darstellung einer Nymphe, die auf einem Fabelwesen reitet. Über einen Gang gelangt man zur Nordostecke des Palastes, wo im **Saal mit Delphinen** [12] geometrische Mosaike des 5. Jh. aus Kos sowie ein späthellenistisches Mosaik des 3./2. Jh. v. Chr. mit Fischen und Delphinen in leuchtenden Farben zu bewundern sind.

Wieder durch einen längeren Gang erreicht man den **Saal des Poseidon und Polybotes** [13] auf der Südseite. Zur Ausstattung zählen chinesische *Prunkvasen* sowie ein späthellenistisches Mosaik des 3./2. Jh. v. Chr. mit der Darstellung eines Lanzenträgers, der einen Leoparden bekämpft. Eine weitere, ein wenig ungelenk geratene *Mosaikszene* mit Pferdegespann und einer Schönen unter einem Baum wird als Kampf zwischen dem dreizackbewehrten Poseidon und dem Giganten Polybotes gedeutet: Der Meergott reißt ein Stück von der Insel Kos ab, schleudert es nach dem Gegner und lässt so das vulkanische Dodekanes-Eiland Nisyros entstehen.

Links anschließend findet man im **Saal der Verkündigung** [14] eine spätgotische Schnitzskulptur der Maria mit dem Erzengel Gabriel. Von reizendem Charme ist das Mosaik des angelnden Liebesgottes im **Saal des Amor** [15] gegenüber. Interessant ist auch die späthellenistische Mosaikdarstellung des 3./2. Jh. v. Chr. im **Saal der neun Musen** [16]. Neun Medaillons präsentieren hier die Göttinnen der musischen Künste mit ihren jeweiligen Attributen. Gut zu erkennen sind u. a. der Globus der Urania, Muse der Astronomie (Mitte unten), sowie die Theatermaske der Thalia, Muse der Komödie (rechts oben).

Durch zwei **Säle mit Chorgestühl** [17] kommt man an das Ende des Rundgangs und genießt von hier einen schönen Ausblick auf den Uhrturm [s. S. 34] und die Häuser der Altstadt.

Prächtiger Mittelpunkt in dem feierlich würdevollen Saal der neun Musen ist das Fußbodenmosaik mit den Porträts der Göttinnen, die dem Raum seinen Namen gaben

Schöne Aussichten: der imposante Uhrturm eröffnet durch Fenster im obersten Geschoss weite Blicke über die Stadt und lädt mit einem gemütlichen Café zum Verweilen ein

›Rhodos vom 4. Jh. bis zur türkischen Eroberung‹ ist der Titel einer sehr umfassenden *Ausstellung* im **Erdgeschoss** des Palasts. Sie vergegenwärtigt anhand zahlreicher Dokumente den einstigen Wohlstand der Insel und das Netz der Handelsverbindungen, zeigt die Folge der Belagerungen und lenkt den Blick auch auf die sozialen Einrichtungen der Johanniter, die im 15. Jh. auf Drängen der Stadtbürger z. B. freien Unterricht in Griechisch und Latein anboten.

Zum Uhrturm und zurück zum Hafen

Wie vielerorts in Rhodos-Stadt sind auch in der Gasse gegenüber des Eingangs zum Großmeisterpalast Archäologen an der Arbeit. Die Grabungen an der und um die Stelle der einstigen dreischiffigen Ba-

Ein Muss für jeden Rhodos-Besucher ist die belebte Basarstraße Odos Sokratous, ...

silika **Agios Ioannis** 17, die durch die Explosion des Pulverlagers 1856 zerstört wurde, bringen antike Säulenbasen und Reste von Wohngebäuden zutage.

Gleich benachbart ist der **Uhrturm** 18 (Roloj) zu ersteigen, der einen noch weiteren *Rundblick* erlaubt als die Stadtmauern und mit einem *Café* ausgestattet ist. An dieser Stelle stand zuvor ein Festungsturm der Johanniter, der das Ritterviertel von der übrigen Altstadt abgrenzte. Der Bau des Uhrturms wurde 1851 mit einer Stiftung des Sohnes von Hafiz Ahmed Agha finanziert, der 1793 auch die nahe gelegene, islamische

TOP TIPP **Hafiz-Ahmed-Agha-Bibliothek** 19 (Mo–Sa 9.30–16 Uhr) erbauen ließ. Seit 1998 restauriert und bis heute von den Nachfahren des Gründers verwaltet, zeigt sie wunderschöne Kalligraphien, handgeschriebene Koranausgaben des 15./16. Jh. und fast 1000 Bücher in verschiedenen Sprachen aus der Sammlung des Stifters. Der Hof mit Chochlaki-Pflaster und türkischen Holzveranden ist ein angenehmer Rastplatz.

In der westwärts abzweigenden Odos Apolloniou trifft man auf die Kirche **Agios Georgios** 20 aus dem 14. Jh. Ihr hoher Tambour trägt eine Kuppel und ist durch die typisch rhodischen schlanken halbrunden Nischen gegliedert. Charakteristisch ist auch der *Gebäudegrundriss* mit gleich langen halbkreisförmigen Kreuzarmen, wie man ihn ähnlich in der Kirche Agios Nikolaos Fountoukli [Nr. 11] findet. Wohl schon anfänglich eine Klosterkirche, wurde Agios Georgios im 15. Jh. vermutlich von den Franziskanern übernommen und durch Vorhallen erweitert.

... an deren oberem Ende der rote Kuppelbau der Süleyman-Moschee leuchtet

Das rund 400 Jahre alte Kafenion Bekir Karakusu in der Odos Sokratous, das früher ausschließlich Treffpunkt der Männer war, ist heute bei beiden Geschlechtern populär

Unter den Osmanen wurde die Kirche im 16. Jh. zur Moschee und Medrese (= Höhere Schule) umgestaltet. Mittlerweile stehen die *Restaurierungsarbeiten*, die auch den Boden einer frühchristlichen Basilika aus dem 5. Jh. zum Vorschein brachten, kurz vor dem Abschluss.

Baugeschichtlich bedeutsam ist auch die Kirche **Agia Paraskevi** 21 an der Odos Ippodamou. Ihr sehr exakt aufgeführtes Mauerwerk aus dem 15. Jh. besteht aus Tuff- und Sandsteinquadern. Unter dem Fußboden, in dem sich mehrere Gräber befinden, verbirgt sich eine *Krypta*, die den Grundriss der Kirche genau wiederholt. Sie wurde erst neuerdings nach Restaurierungsarbeiten an der Kirche entdeckt.

Wohl noch auf längere Zeit eingerüstet ist der stattliche Kuppelbau der **Süleyman-Moschee** 22 am oberen Ende der breiten Odos Sokratous. Sie entstand im Wesentlichen 1808 als Nachfolgebau einer Moschee des 16. Jh., die Süleyman der Prächtige selbst hatte errichten lassen. Ein schöner *Reinigungsbrunnen* mit Baldachin schmückt den Hof, gegenüber auf der anderen Straßenseite entsteht aus dem einstigen ›Imaret‹, einer osmanischen Sozialstation, ein Kulturzentrum.

Auf dem Rückweg zur Platia Moussio und zum Hafen kann man die stets belebte Basarstraße **Odos Sokratous** 23 hinabschlendern und im Schatten der Markisen die in vielen kleinen Läden dargebotenen Juwelen, Textilien, Pelze und Keramiken bewundern. Auf halber Höhe der Gasse lenkt links das jüngst renovierte und seit etwa 400 Jahren jeder Modernisierung trotzende **Kafenion Bekir Karakusu** (im Winter meist geschl.) den Blick auf sich, das älteste Kaffeehaus von Rhodos mit seinen farbigen Glasfenstern und einer Tür mit feinem Schnitzwerk. Im Inneren sitzt man an schlichten Holztischen, die auf schwarz-weißem Chochlaki-Pflaster stehen, und genießt die altmodische Atmosphäre.

Parallel zur dicht bevölkerten Odos Sokratous verläuft etwas weiter nördlich abseits des Trubels die **Odos Theofiliskou** 24, die mit interessanten Resten der alten *byzantinischen Mauern* und üppig blühenden *Gärten* aufwarten kann. Zwischen den beiden Straßen liegt etwas versteckt der mit Bäumen bestandene Garten des Restaurants **Sokratous Garden** [s. S. 50], eine Oase der Ruhe mit griechischer Hintergrundsmusik.

Die Viertel der Griechen und Römer, Osmanen und Juden

Die Gassen und Winkel südlich des Ritterviertels bieten eine Fülle von *Sehenswürdigkeiten*, kleinen *Geschäften* mit reizvollen Angeboten, zahlreiche *Cafés* und *Restaurants* auf verträumten Plätzen sowie viele Gelegenheiten zu eigenen *Ent-*

Rund um die Stadtmauern

Ein besonderes Erlebnis, das sich kein Besucher entgehen lassen sollte, der etwas länger in Rhodos-Stadt verweilt, ist ein Spaziergang rund um den mächtigen Mauerring der Altstadt.

Dreimal hatten **Angreifer** im 15. Jh. versucht, die Festung von Rhodos zu stürmen: die Ägypter scheiterten 1440 und 1444, den Osmanen war es 1480 nach drei Monaten Belagerung sogar gelungen, eine Bresche in die Mauer zu schießen und in die Stadt einzudringen. Sie wurden aber unter großen Verlusten zurückgeworfen und zogen daraufhin ab. Die beschädigten Befestigungsanlagen wurden 1481 durch ein **Erdbeben** weiter zerstört. Großmeister Pierre d'Aubusson berief daraufhin **Ingenieure** und **Architekten** vor allem aus Frankreich und Italien, um die Verteidigungsfähigkeit der Stadt rasch wiederherzustellen. Überhohe Mauern wurden gekappt, dafür aber bis zu den Kronen stark verbreitert, die eckigen Türme wurden durch runde ersetzt und die enorm tief und breit angelegten Gräben mit Vorwerken verstärkt.

Den Mauerring sowie den Hafenbereich teilten die Johanniter in einzelne Abschnitte auf, deren **Verteidigung** jeweils den Rittern einer bestimmten ›Zunge‹ [s. S. 20] überantwortet wurde. Schätzungen sprechen von insgesamt etwa 500 Rittern und 1000 Söldnern, die von dem gewaltigen Bollwerk aus zum Kampf gegen Angreifer antraten. Der Übermacht von 200 000 Mann bei dem Ansturm von Süleyman dem Prächtigen 1522 waren sie jedoch selbst mit der Unterstützung durch die rhodische Bevölkerung nicht gewachsen.

Einen guten Eindruck von der Mächtigkeit und Struktur des gigantischen Bollwerks erhält man bei einer Umrundung des Mauerrings in seinem vorgelagerten begrünten breiten Graben. Es ist auch möglich, mit einem schönen Überblick über die Altstadt und die Gesamtanlage der Befestigungsbauten auf den **Mauerkronen** zu wandern. Dafür sollte man sich im EOT-Büro [s. S. 49] nach den exakten Zeiten erkundigen, zu denen der Zugang vom Vorhof des Großmeisterpalasts geöffnet wird (in der Regel Di und Sa nachmittag ab 14.45 Uhr).

Ausgangspunkt für den **Rundgang** zu Füßen des Mauerrings ist das **Amboise-Tor**, an dem der heute mit hohen Bäumen bestandene Graben beginnt. Die dreifache Toranlage mit verwinkeltem Durchgang gehörte zum Verteidigungsring des Ritterviertels und unterstand der deutschen ›Zunge‹, ebenso wie das benachbarte **Antonius-Tor**. Von dort führte eine Mauer bis zum Thalassini-Tor [s. S. 22], die das Ritterviertel vom übrigen Stadtbereich abgrenzte. Über dem Portal trägt das Antonius-Tor eine stark zerstörte Darstellung des hl. Antonius, daneben u. a. auch das Ritterwappen des Jean Bonpart de Lastic (1437–54) mit einem waagrechten Querbalken.

Wenige Schritte weiter südlich erreicht man mit dem **Agios-Georgios-Tor** den Verteidigungsabschnitt der Ritter der Auvergne. Es ist heute verschlossen, sein wuchtiger viereckiger, also ›altmodischer‹ Turm wurde bereits 1421/31 erbaut und zeigt an der Innenseite über einem Wappenfries ein hervorragendes Relief des hl. Georg als Drachentöter. An der jüngeren Außenbastion sind das Wappen von Pierre d'Aubusson (1476–1503) mit einem Kreuz und das Wappen des letzten Großmeisters Philippe de l'Isle Adam (1521–23) mit einem waagrecht ausgestreckten Arm zu erkennen.

Den Beginn der spanischen Zuständigkeit markiert der nahebei aufragende runde **Turm der Spanier**. Er entstand erst 1489 und trägt gleichfalls das Wappen d'Aubussons, allerdings nun mit dem Kardinalshut als Zeichen der in der Zwischenzeit erfolgten Rangerhöhung des Ritters. Deutlich wird hier an der vorgelagerten **Bastion**, wie sehr sich der spätmittelalterliche Festungsbau von der geometrischen Akkuratesse eines Vauban, des großen Festungsarchitekten Ludwigs XIV. im 17. Jh., unterscheidet: Um 1500 plante man noch Überraschungen ein, wollte den Gegner in Sackgassen locken. Doch auch Vormauer und Graben verhinderten nicht, dass 1522 an dieser Stelle der osmanische Einbruch gelang.

Durch das benachbarte **Agios-Athanasios-Tor**, eine dreifache Toranlage mit drei Zugbrücken im Verteidigungsabschnitt der Engländer, strömten die Eroberer in die Stadt. Süleyman der Prächtige soll es darum später verschlossen ha-

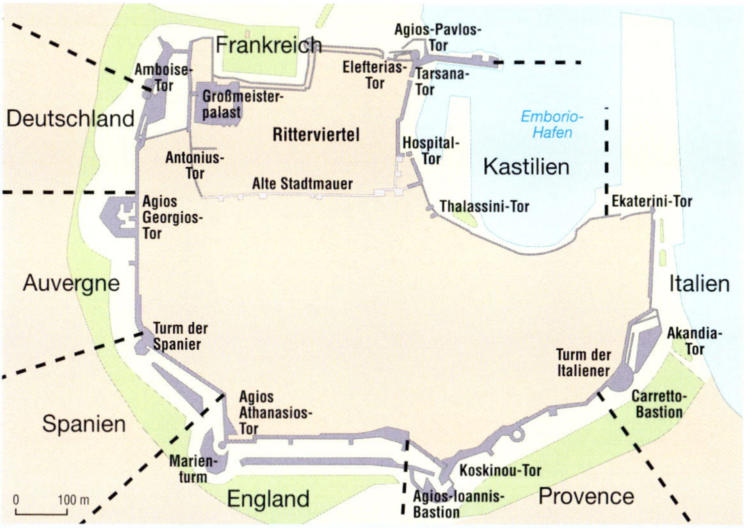

ben, damit ›kein Sterblicher‹ Rhodos an seiner verwundbarsten Stelle noch einmal erobern könne. Sehr hoch oben an dem östlich aufragenden rechteckigen Athanasios-Turm ist das Reliefbild des namengebenden Heiligen zu erkennen, westlich steht der runde Marienturm mit dem Wappen von Jean Bonpart de Lastic.

Besonders dekorativ mit Rundprofilen und Hohlkehle geschmückt ist am Beginn des Verantwortungsbereichs der provenzalischen Ritter das **Koskinou-Tor** (auch Johannes- oder Rotes Tor, s. S. 41), das lange Zeit Pforte zu einer der wichtigsten Handelsstraßen nach Süden war. Auch das dreieckige Tympanonfeld mit dem umrankten Relief des hl. Johannes im Flamboyant-Stil ist sehr reizvoll. Historisch bedeutsam ist die italienisch-griechische Inschrift westlich des inneren Torbaus, die einen Baumeister namens Manolis Kundis im Jahr 1457 nennt. Damit ist erwiesen, dass auch griechische Architekten mit der Errichtung der Verteidigungsanlagen betraut waren. Dies zeigt, dass ab Mitte des 15. Jh. trotz der Spannungen zwischen den katholischen Johannitern und der griechisch-orthodoxen Bevölkerung die Solidarität im eskalierenden Konflikt mit den Osmanen wuchs.

Mit mehreren kleinen Mauerknicken und drei Türmen verläuft das Festungswerk in nordöstlicher Richtung weiter auf die Küste zu. Als eines der eindrucksvollsten Bauwerke entstand hier in der beachtlich breiten Grabensohle 1515–17, also wenige Jahre vor dem Angriff von Süleyman dem Prächtigen, die **Carretto-Bastion**, deren klare geometrische Zylinderform fast modern wirkt. Sie markiert den Anfang des italienischen Abschnitts, der sich bis zum **Ekaterini-Tor** (Katharinentor) am Kai des Emborio-Hafens erstreckte.

Die weiteren Tore und Türme an der Seeseite der Stadt, wo heute die großen Kreuzfahrtschiffe und Fähren vor Anker gehen, unterstanden dem Schutz der kastilischen ›Zunge‹. Zu ihnen zählt auch das hervorragend restaurierte **Thalassini-Tor** (Seetor), das schönste aller Rhodos-Tore. Mit seinen zwei wuchtigen zinnenbekrönten Rundtürmen zu beiden Seiten der Durchfahrt trumpft es wehrhaft auf, zeigt mit seinem noch gut erhaltenen Marienrelief aber auch den frommen Sinn der Ritter. Deren Großmeister Pierre d'Aubusson hat neben dem Ordenswappen und dem Lilienwappen der Bourbonen auch das eigene mit den leicht geschwungenen Kreuzenden anbringen lassen.

Die übrigen Toranlagen im Nordosten und Norden, dem Verteidigungsabschnitt Frankreichs, sind stark verändert oder erst im 20. Jh. erbaut worden; zuvor gab es aus militärischen Gründen nur die breite Durchfahrt des **Tarsana-Tors** (Arsenaltor) und das mittlerweile jedoch umgebaute **Agios-Pavlos-Tor** (Paulustor) zwischen Emborio- und Mandraki-Hafen.

Trutziges Mittelalter: mächtige Zinnen krönen das Thalassini-Tor am Emborio-Hafen

deckungen. Die Erkundung dieses Teils der Altstadt kann also leicht einen ganzen Tag in Anspruch nehmen.

Empfehlenswerter Startpunkt für einen ausgedehnten Rundgang ist das **Thalassini-Tor** 25 [s. S. 37], durch das man vom Emborio-Hafen her in die Altstadt eintreten kann. Südlich des Tors laufen Straßen und Gassen von mehreren Seiten auf die **Platia Ippokratou** 26 zu, eines der lebhaftesten Zentren der Altstadt mit einladenden Cafés. Dominiert wird der Platz von der prächtigen *Freitreppe*, die zu der zweigeschossigen **Kastellania** gehört. Dieses repräsentative, aus Naturstein gemauerte Gebäude von 1502 mit Ritterwappen und Wasserspeiern in Gestalt von Tierköpfen diente den Johannitern als Handelsgericht und Marktverwaltung. Heute ist hier die Stadtbibliothek untergebracht.

Auf der parallel zur Stadtmauer verlaufenden, von kleinen Läden und Tavernen gesäumten *Odos Aristotelous* geht es zur **Platia Martyrion Evreon** 27. Die Mitte des Platzes, dessen Name an die im Zweiten Weltkrieg in deutsche Konzentrationslager verschleppten Juden erinnert, schmückt der muntere *Seepferdchen-Brunnen*, das Werk eines zeitgenössischen Künstlers.

Blickfang an der Nordseite der Platia ist der lang gestreckte **Palast der Admiralität**. In dem reich mit Segmentbögen, einem verzierten Gesims und vorspringendem Mezzaningeschoss gegliederten Natursteinbau des 15. Jh. hatte ursprünglich wohl der orthodoxe *Metropolit* (= Bischof) seinen Amtssitz, wie das Relief einer Taube, das Symbol des Heiligen Geistes, über dem Portal sowie die griechischen und lateinischen Fassadeninschriften vermuten lassen.

Einer der beliebtesten Plätze der Altstadt: die attraktive Platia Ippokratou mit ihren reizvollen Straßencafés und kleinen Läden ist bis in die Abendstunden erfüllt von Leben

Alternativ zu den weichen Polsterstühlen der Cafés bietet sich die breite Freitreppe der wappengeschmückten Kastellania an der Platia Ippokratou als Platz für eine Pause

Nur wenige Schritte weiter östlich, gegenüber dem *Panagia-Tor* zum Emborio-Hafen, steht die Ruine der einstigen gotischen Kirche **Panagia Kastru** 28 (auch Panagia tou Bourgou) des 14. Jh., die bei der osmanischen Belagerung der Stadt 1522 zerstört wurde. Am besten erhalten ist der *dreischiffige Chor*, der zusammen mit den Fragmenten alter Säulen, Bündelpfeiler und Reliefbänder ein Ensemble bildet, das an eine Bühneninszenierung erinnert.

Gleichfalls aus dem 14. Jh. stammt das nahe gelegene **Katharinenhospital** 29. Als Eigentum der italienischen Ritter, die für den südwärts anschließenden Teil der Befestigungen zuständig waren, zeigt es die Wappen des Großmeisters Fabrizio del Carretto und des Admirals Costanzo Operti, der es noch 1516 renovieren ließ.

Südlich benachbart beginnt das einstige *Judenviertel* der Altstadt, das seit dem 15. Jh. bestand und vorwiegend von sephardischen Juden bewohnt wurde – bis zu ihrer Flucht oder Deportation nach Auschwitz durch die Deutschen 1944. Bedeutendstes kulturelles Zeugnis ist die **Kahal-Shalom-Synagoge** 30 (tgl. 10–17 Uhr). Man erreicht sie auf der schmalen, von der Platia Martyrion Evreon abzwei-

Bescheidenheit als Zier: die Kahal-Shalom-Synagoge ist das älteste jüdische Gotteshaus Griechenlands und beeindruckt vor allem durch feierliche Schlichtheit

genden *Odos Dosiadou,* die das typische Chochlaki-Pflaster besitzt und an mehreren Stellen von Steinbögen überspannt wird. Von außen wirkt die 1577 gegründete und damit älteste noch existierende Synagoge Griechenlands eher unscheinbar. Auch der fast quadratische feierliche *Innenraum* zeigt wenig Schmuck. Ein mächtiger Doppelbogen und vier die Decke stützende Säulen verstärken die monumentale Raumwirkung. Den Boden zieren Ornamente aus schwarzen und weißen Kieselsteinen. Der Thron in der Mitte ist zehn Mitgliedern einer Familie gewidmet, die 1944 bei der Deportation

Von Grün umrankt: im Schatten von Bäumen steht die Kreuzkuppelkirche Agia Triada

umkamen. Vom Hof aus betritt man das kleine **Jüdische Museum**, das von der *Rhodes Jewish Historical Foundation* in Los Angeles ins Leben gerufen wurde. Emigrantenfotos, eine ›Green Card‹ der amerikanischen Einwanderungsbehörde von 1939 und farbige Ehekontraktsurkunden erinnern an das Leben in den Jahren der Hitler-Verfolgung, denen etwa 1600 rhodische Juden zum Opfer fielen.

Durch ein stilles Viertel mit anheimelnden winzigen Gärtchen und von Weinlaub berankten Mauern führt die *Odos Taurisko* südöstlich der Synagoge am Iliana Hotel vorbei. Erst rechts in die enge *Odos Kleoboulinis*, dann links in die *Odos Perikleou* abzweigend gelangt man zur *Platia Leon Rodiou*. An der Südseite des Platzes ist die Ruine eines Palastes aus der Johanniterzeit erhalten, an der Nordseite steht die der Heiligen Dreifaltigkeit geweihte Kreuzkuppelkirche **Agia Triada** 31 (bis auf weiteres geschl.) aus dem 15. Jh. Wie am verbliebenen *Minarettstumpf* erkennbar, wurde das Gebäude im 16.–19. Jh. von den Türken als Moschee genutzt. Das Innere bewahrt eine spätmittelalterliche *Freskenausstattung* aus der Erbauungszeit der Kirche.

Nach einem kurzen Abstecher in die rechts der Kirche beginnende *Odos Laokoontos,* die wegen ihres Zickzack-Verlaufs zwischen alten Mauern und blühenden Gärten nicht nur für Labyrinthfans reizvoll ist, kehrt man zur Platia Leon Rodiou zurück und wendet sich links der Agia Triada in Richtung Südwesten der Stadtmauer zu. Dort wurde die aus dem 14. Jh. stammende Kirche **Agia Ekaterini** 32 dank eines großzügigen Restaurierungsprogramms wieder hergestellt. Das durch seine schmucklose Fassade sowie das Fehlen eines Glockenstuhls eher bescheiden wirkende Gotteshaus ist im Inneren reich mit *Fresken* aus der Erbauungszeit ausgestattet. Hervorzuheben sind besonders die Darstellung der Stifter beiderseits einer Christus-Büste sowie eine Folge von neun Szenen aus den zwölf liturgischen Festen der orthodoxen Kirche.

Zunächst auf der *Odos Irinis*, dann auf der *Odos Archiepiskopou Euthymion* weiter dem Verlauf der Stadtmauer folgend erreicht man das wuchtige, 1437–67 erbaute **Koskinou-Tor** 33 [s. S. 37]. Nahebei duckt sich zwischen die Torzufahrt und eine zur Mauer hinauf führende Freitreppe mit Ausblick über die Dachlandschaft der Altstadt die Kirche **Agios Ioannis Prodromos** 34, deren äußerlich unscheinbarer, schmaler Bau leicht übersehen wird. Sie besitzt in der Apsis ein sehenswertes, jüngst restauriertes Fresko des zwischen Maria und Johannes dem Täufer thronenden Christus aus der Zeit um 1500.

Ein Stück nordwärts verläuft die *Odos Pythagora* Richtung Hafen. Wie viele andere Altstadtstraßen wird sie immer wieder von Mauerbögen überwölbt, an einer Stelle sogar von einem bewohnten Torbau. Unmittelbar vor der *Platia Konti* stößt man auf ein umzäuntes Areal mit Resten der **Byzantinischen Stadtbefestigung** 35. Neben einigen großen Quadersteinen und Grundmauerresten sind auch einige antike *Säulentrommeln* zerstörter Tempel bis heute erhalten, deren Tonnengewicht die Byzantiner gerne beim Mauerbau nutzten.

Richtung Westen leitet ein Durchgang von der Platia Konti zur *Odos Sofokleous* und zur malerischen *Odos Omirou*, die an manchen Stellen von üppiger Pflanzenpracht gesäumt ist. Bald wird durch eine Mauereröffnung die **Redjeb-Pascha-Moschee** 36 sichtbar. Ein schöner Blick auf den 1588 errichteten stattlichen Bau, einen der bedeutendsten aus osmanischer Zeit, sowie auf den hübschen *Pavillon* über dem muslimischen *Reinigungsbrunnen* bietet sich von der Platia Dorieon aus (Zugang rechts durch eine Toröffnung von der Odos Omirou). In die Arkaden des Pavillons sind ebenso wie in die offene Vorhalle der Moschee ältere Säulen und Kapitelle eingebaut. Auf der imposanten Flachkuppel der Moschee und in ihren leeren Fensteröffnungen wächst das Gras, mächtige Gerüste stützen die Wände ab, nur noch die untere Hälfte des Minaretts ist erhalten. Wegen *Baufälligkeit* ist der aufwändig mit Kacheln, Kalligraphie und anderen Ornamenten ausgeschmückte Innenraum leider nicht zugänglich. Auf dem friedlichen Platz davor spenden drei herrlich dichtbelaubte Bäume etlichen Tavernentischen Schatten.

Chochlaki-Pflaster und Bögen: viele Gassen bezaubern durch das Flair uralter Zeit

Vis-à-vis blickt man auf das altersgraue Dach der Kirche **Agios Fanourios** 37 (Eingang von der Nordseite), deren Namenspatron im 14. Jh. nur auf Rhodos und später auch auf Kreta verehrt wurde. Die unterhalb des heutigen Straßenniveaus liegende, geheimnisvoll dunkle Kirche stammt wohl bereits aus dem 13. Jh.; ihr provisorischer Vorbau ist neueren Datums. Besondere Beachtung verdienen die zahlreichen, über die Jahre leider von Kerzenruß stark geschwärzten *Fresken* im Inneren, die zu den ältesten der Stadt zählen. Am besten erhalten ist in einer Nische des westlichen Kreuzarms die mit der Jahresangabe 1335/36 datierte Dar-

Eine arabische Inschrift zum Lobe Allahs ziert das Portal der Sultan-Mustafa-Moschee

stellung eines Stifters mit dem Modell der Kirche und einer Stifterin mit zwei Kindern.

An der Ecke Odos Omirou/Odos Fanourios steht ein prächtig hergerichtetes Wohn- und Geschäftshaus mit einem Kürschnergeschäft; gern wird hier dem Besucher ein 12 m tiefer Brunnenschacht gezeigt, der bei der Restaurierung zutage kam. Wegweiser leiten von der Odos Omirou rechts bald auf die Odos Andronikos zum Volkstanztheater **Teatro Laographikon Choron** 38, das regelmäßig abendliche Freiluftshows griechischer Folklore zeigt (Auskünfte gibt das EOT-Büro, s. S. 49).

Von dort geht es leicht bergan zur *Platia Arionos* mit ihrem stimmungsvollen orientalischen Ensemble von Moschee, Brunnen, Hamam (Türkisches Bad) und Tavernen. Die den Platz dominierende **Sultan-Mustafa-Moschee** 39 von 1765 hat ihr Minarett und die Vorhalle eingebüßt und wird nur noch zu besonderen Anlässen genutzt. Das **Hamam** 40 jedoch mit seiner Kuppel und dem traditionellen Dekor aus Stuckornamenten und Stalaktitnischen ist öffentliches Bad geblieben und auch bei griechischen Einwohnern beliebt. Besonders schön ist vor der Moscheeterrasse der *Reinigungsbrunnen* mit seinen von zarten Blumenmotiven geschmückten Reliefplatten.

Ein Abstecher nach Nordosten führt zu der nur als Ruine erhaltenen Kirche **Agios-Konstantinos-Agia-Eleni** 41 aus dem 13. Jh. Ihr in mehreren Phasen aus monumentalen byzantinischen Steinblöcken entstandener dreischiffiger Bau wurde erst um 1990 von Archäologen entdeckt und identifiziert. Die Grabungen dauern noch an.

An die einstige Pracht der frühchristlichen Basilika Archangelos Michail erinnern heute nurmehr Ruinen, überragt von dem hohen Minarett der nahen Ibrahim-Pascha-Moschee

Beliebter Treffpunkt nach einem abendlichen Stadtbummel: die Cafés und Restaurants rund um die Ibrahim-Pascha-Moschee locken mit stimmungsvollem Gartenambiente

Auf verwinkelten Altstadtpfaden geht es nun von der Platia Arionos ostwärts zu der winzigen Kirche **Agios Spyridos** 42, die durch ihren hohen Tambour und das angebaute Minarett leicht zu erkennen ist. Ihre dreijochige *Kuppelhalle* mit der dreiseitigen Apsis gehört vermutlich zu den ältesten erhaltenen byzantinischen Kirchen von Rhodos (etwa 11.–14. Jh.). Später wurde sie als Moschee umgenutzt. Ihr Namenspatron war ein zyprischer Bischof des 4. Jh., der schon bald nach seinem Tod vor allem von den Seeleuten verehrt wurde.

Gegenüber erblickt man innerhalb eines umzäunten Grabungsareals die Ruine der frühchristlichen Basilika **Archangelos Michail** 43, von der lediglich eine frei stehende Bogenwölbung und einige Grundmauern erhalten sind.

Recht trubelig kann es 100 m weiter auf der *Odos Platonos* werden. Die Straße wird gesäumt von mehreren Tavernen mit angenehmen Schattenplätzen und führt zur *Platia Damagitou* mit weiteren Restaurants und Cafés. Blickfang ist jedoch an der *Platia Ippokratou* die **Ibrahim-Pascha-Moschee** 44 von 1531 mit ihrer dreikuppeligen Vorhalle. Dieses älteste islamische Bethaus von Rhodos ist zugänglich, eine Betrachtung lohnt auch der zwölfeckige Reinigungsbrunnen im Schatten einer hohen Platane.

Die grün überwachsene *Odos Sofokleous* führt von hier südwärts gleich auf das nächste von Restaurants und kleinen Pensionen, von Gärten und Bäumen umkränzte schöne Platzareal, wo man nach seiner ausgedehnten Altstadterkundung gerne eine Pause einlegt.

Hafen und Strand mit italienischem Ambiente: die Neustadt

Wer die ummauerte Altstadt durch das Elefterias-Tor [s. S. 22] Richtung Mandraki-Hafen verlässt, passiert links schon nach wenigen Schritten die erste Attraktion der Neustadt, die **Nea Agora** 45. Der Anfang des 20. Jh. von den Italienern errichtete imposante ›Neue Markt‹ mutet mit seinem überkuppelten Hauptportal ein wenig maurisch-orientalisch an. In seinem Inneren umschließt er einen polygonalen *Hof* mit einem Ring von Geschäften und Tavernen, deren Tische im Schatten von Bäumen von früh bis spät gut besetzt sind. Draußen unter den *Arkaden* der Hafenfront locken Cafés mit süßen Leckereien, bieten Kioske internationale Presse und Reisebüros Ausflüge und Flugtickets an.

Gegenüber am **Mandraki-Hafen** 46, wo sich jeden Vormittag Hunderte von Besuchern mit einem der zahlreichen Ausflugsboote zur Insel Simi [Nr. 39] einschiffen, weitet sich der Boulevard mit

seinen Baumreihen zur *Platia Elefterias*. Man blickt vom Kai hinüber zur etwa 400 m langen Mole, im Osten des Hafenbeckens und versteht nun auch den Namen ›Mandraki‹, der ›Schafpferch‹ bedeutet. Die drei **Windmühlen** 47 auf der Mole zählen zu den meist fotografierten Motiven auf Rhodos. Sie stammen ebenso wie der mit Wappen der Johanniter und des Herzogs von Burgund geschmückte Festungsturm **Agios Nikolaos** 48 (bis auf weiteres geschl.) am Westende der Mole aus

Im polygonalen Innenhof der Nea Agora bieten von Markisen beschattete Tavernentische ein ruhiges Plätzchen im täglichen Markttrubel

dem 15. Jh. Neben der fröhlichen Betriebsamkeit der vielen Jachten und Ausflugsschiffe erinnert allein der gewaltige Rundturm an die einstige Nutzung des Mandraki als Kriegshafen. Elegant und weithin sichtbares Wahrzeichen der Stadt sind die auf hohen Säulen beiderseits der Hafenausfahrt stehenden rhodischen Wappentiere **Hirsch** und **Hirschkuh** (Elafos und Elafina) aus dem frühen 20. Jh. An ihrer Stelle wurde lange Zeit fälschlicherweise der einstige Standort des *Koloss von Rhodos* vermutet [s. S. 47].

Etwas ungewöhnlich ist die Geschichte der am Nordende der Platia Elefterias aufragenden, dem hl. Johannes geweihten Kirche **Ekklisia Evangelismou** 49. Sie ist die Rekonstruktion der einstigen Ordenskirche der Johanniter Agios Ioannis, die Anfang des 14. Jh. im Ritterviertel errichtet und 1856 bei der Explosion eines vergessenen Pulvervorrats zerstört wurde [s. S. 33]. Exakte Zeichnungen aus dem Jahr 1826 ermöglichten den italienischen Bauherren 1925 den Wiederaufbau der Kirche an diesem neuen Standort. Sehenswert sind vor allem die *Fresken* im dreischiffigen Inneren, die entstanden, als das katholische Gotteshaus nach dem Abzug der Italiener 1947 zur griechisch-

Malerisches Ensemble: Mandraki-Hafen mit Hirsch und Hirschkuh auf hohen Säulen und dem Festungsturm Agios Nikolaos ▷

Detailreiche Fresken im byzantinischen Stil von Fotis Kontoglu bedecken die Wände im dreischiffigen Inneren der Kirche Ekklisia Evangelismou mit biblischen Szenen

orthodoxen Metropolitenkirche von Rhodos wurde. Zu sehen sind vor allem Szenen aus dem Alten und Neuen Testament sowie zahlreiche Heiligenbildnisse von *Fotis Kontoglu* [s. S. 22], deren Formensprache der byzantinischen Tradition verpflichtet ist. Daneben fallen Werke anderer Künstler auf, die nahezu surrealistisch wirken, wie beispielsweise im linken Seitenschiff eine Ikone des hl. Gerasimus, der als Eremit in der Wüste am Jordan lebte.

Hafenflair eigener Prägung: venezianische Architekturformen und maurische Stilelemente fanden an der Seeseite des italienischen Gouverneurspalasts zu einer neuen Einheit

Das Weltwunder, das niemand kennt

Bis heute auf Postkarten, Badehandtüchern und T-Shirts, als Keramikdekor oder als Schlüsselanhänger in den Souvenirläden allgegenwärtig ist jene Darstellung des berühmten **Kolosses von Rhodos**, wie er mit gespreizten Beinen über der Einfahrt zum Mandraki-Hafen steht, mit einer Fackel in der hoch erhobenen Rechten, ankommenden Schiffen machtvoll entgegenblickend. Dieses Bild, das auf einen Kupferstich des Wiener Hofarchitekten Fischer von Erlach von 1721 zurückgeht, ist jedoch reine Fantasie. Denn obwohl von der einstigen Riesenstatue des **Sonnengottes Helios**, die als eines der Sieben Weltwunder der Antike gerühmt wurde, weder Details über **Gestalt** und **Standort** überliefert noch Reste erhalten sind, sprechen statische und bautechnische Argumente eindeutig gegen die Richtigkeit dieser Darstellung.

Für die Errichtung des etwa 35 m hohen, aus Marmorblöcken und einem Gerüst aus Bronzeplatten bestehenden Koloss waren nach Ansicht der Archäologen einerseits enorme **Erdaufschüttungen** nötig, die man im Hafenbereich aus Platzgründen nicht hätte bewerkstelligen können. Zum anderen muss man von einer geraden **Beinstellung** der Statue ausgehen sowie von einer dritten Stütze z. B. in Form eines bodenlangen Umhangs zur Sicherung der Stabilität. Wahrscheinlich erhob sich die gigantische Figur des Helios, die der rhodische Bildhauer **Chares von Lindos** 292 v. Chr. nach zwölfjähriger Bauzeit fertig stellte, auf dem Areal des heutigen Großmeisterpalastes oder im Bereich der Akropolis auf dem Monte Smith.

Als Wahrzeichen der freien Republik entstanden [s. S. 19], fiel der Koloss jedoch schon nach zwei Generationen 226 v. Chr. einem Erdbeben zum Opfer. Seine **Trümmer** blieben liegen – über 800 Jahre lang –, da ein Orakelspruch von Delphi den Rat gab, was gut ruhe, solle nicht bewegt werden. Erst die Araber verkauften nach einem Sieg über Rhodos 653 n. Chr. die riesigen Metallbruchstücke – laut einer Beschreibung des römischen Schriftstellers Plinius d. Ä. aus dem 1. Jh. n. Chr. waren allein die Finger so groß wie mannshohe Statuen – an einen jüdischen Händler, der sie auf 900 Kamelen abtransportieren und einschmelzen ließ.

Wie die Ekklisia Evangelismou stammen auch die meisten Gebäude in der Nachbarschaft der Kirche aus der italienischen Besatzungszeit (1912–47). Ihre Architektur präsentiert sich jedoch sehr unterschiedlich: Während der lang gestreckte **Gouverneurspalast** 50 mit seiner venezianischen Fassade zum Hafen hin eine heitere Ausstrahlung besitzt und auf der Rückseite zur Platia mit einer gotischen Loggia überrascht, wirkt das streng kubische **Nationaltheater** 51 gegenüber eher düster.

Einen romantisch-verwunschenen Eindruck macht dagegen die am Nordende des Elefterias-Boulevards von hohen Bäumen beschattete **Murad-Reis-Moschee** 52 mit ihrem schön verzierten Minarett. Der wohl proportionierte Kuppelbau erinnert mit seinem Namen an jenen Admiral, der die Belagerungstruppen unter Sultan Süleyman dem Prächtigen leitete, und stammt ebenso wie der anschließende, dicht überwachsene **Türkische Friedhof** mit seinen charakteristischen Grabstelen aus dem späten 16. Jh.

Weiter nordwestlich besetzt die **Grande Albergo delle Rose** 53, der um 1930 entstandene, opulenteste und mondänste Palasthotelbau auf Rhodos, mit seinem Palmenpark einen der besten Strandabschnitte nahe der Inselspitze. Seit ihrer kürzlichen Renovierung erstrahlt die Anlage wieder im alten Glanz und beherbergt zudem ein Nobel-Spielcasino.

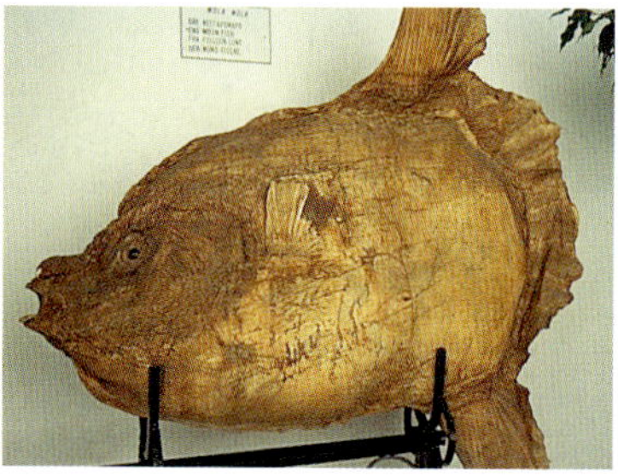

Präparierte Großfische sind in einer Ausstellung des Aquariums zu bewundern

Touristische Attraktion und Kuriosität zugleich ist das 1924 von den Italienern errichtete **Aquarium** 54 (tgl. 9–20.30 Uhr, im Winter bis 16.30 Uhr) an der äußersten Nordspitze. Auf einem Rundgang durch enge, grottenartige Gänge im *Untergeschoss* bekommt man in Aquarien die Fische der Ägäis und des Mittelmeers sowie Muscheln, Korallen und jene Schwämme zu sehen, mit denen die Taucher des Dodekanes über Generationen hin ihren Lebensunterhalt sicherten. Einen sehr eigenwilligen und traurigen Anblick bietet die Ausstellung präparierter Großfische im *Erdgeschoss*, die im Laufe der Zeit etwas an Form verloren haben.

Moderne Hotelpaläste säumen den breiten **Sandstrand** der Inselspitze, auf dem sich vom Frühjahr bis zum Herbst die Sonnenschirme reihen. Den zahlreichen Feriengästen, die die zentrale Lage der Hotels mit Strandoption schätzen, bietet sich hier auch eine große Auswahl an Tavernen, Cafés und Geschäften.

Etwas außerhalb im Südteil der Stadt liegt der als Ausflugsziel bei den Einheimischen beliebte **Rodini Park** 55 (Stadtbus Linie 3 ab Nea Agora), eine grüne Oase in schmalem Bachtal mit zahlreichen *Spazierwegen* und kleinen Brücken, schönem alten Baumbestand und pittoresker Felsenlandschaft – eine gärtnerische Renovierung ist angekündigt. Archäologisch interessant sind die oberhalb des Tals entdeckten *Felsgräber* des 4. Jh. v. Chr., besonders das ›Ptolemäergrab‹ mit Resten einer Fassade, die einem griechischen Tempel nachempfunden ist. An den Innenwänden findet man Nischen, die vermutlich einst Ascheurnen bargen.

Hellas auf dem Monte Smith – die antike Akropolis

Allein wegen der herrlichen Ausblicke auf Rhodos-Stadt, über beide Küsten und das Meer lohnt der 111 m hohe **Monte Smith** südöstlich der Neustadt einen Aufstieg. Zudem liegen auf dem Hügel mit der antiken *Akropolis* die wenigen Reste der einst riesigen Inselmetropole, die sich schon kurz nach ihrer Gründung 408 v. Chr. auf einer Fläche von rund 7 km^2 ausdehnte und in der

Für den Ferientrubel bereit: Eine kilometerlange Strandmeile mit Hotels und Restaurants säumt die Westküste von Rhodos-Stadt bis zum beliebten Urlaubszentrum Ialyssos

Eindrucksvolle Erinnerung an die einst grandiose Akropolis der antiken Inselmetropole: der Apollon-Pythios-Tempel auf dem Monte Smith hoch über Rhodos-Stadt

Blütezeit des Hellenismus im 3./2. Jh. v. Chr. nach Schätzungen gut 60 000 Einwohner zählte [s. S. 18].

Die Pracht dieser planmäßig angelegten antiken Stadt lässt sich heute kaum noch erahnen. Nur wenig ist von der Architektur erhalten, einzig die Lage der wichtigsten Gebäude konnte durch die Spuren von Grundmauern bestimmt werden. Die ansehnlichsten Gemäuer, die sich heute zwischen alten Bäumen und überwachsenen Steinen in der Ruinenlandschaft erheben, sind sämtlich italienische Rekonstruktionen aus der Zeit 1912–47.

Wichtigster touristischer Schauplatz ist die **südliche Akropolis** (freier Zutritt, ausgeschildert) auf der Hügelkuppe mit den weithin sichtbar auf felsiger Höhe wieder aufgerichteten dreieinhalb dorischen Säulen und dem Architrav des **Apollon-Pythios-Tempels** 56. Eine Geländestufe tiefer trifft man auf ein etwa 800 Zuschauer fassendes halbrundes **Theater** 57, dessen Rückwand sich an den Tempelfelsen lehnt. Möglicherweise war dies auch ein Übungsplatz der berühmten rhodischen Rednerschule [s. S. 20]. Ein dritter rekonstruierter Bau ist das nach Norden offene, lang gestreckte **Stadion** 58 mit sechs Reihen steinerner Zuschauerbänke.

Der asphaltierten Straße hinter dem Apollon-Pythios-Tempel Richtung Rhodos-Stadt nach rechts folgend, erreicht man die **nördliche Akropolis**, die sich am Steilabfall über den Hotels von Ixia und Ialyssos erstreckt. Hier erhoben sich in der Antike die Tempel der Athena und des Zeus, erhalten ist aber nur ein **Nymphäum** 59 (Quellheiligtum), das nahe der Antennenstation an der Odos Pindou zu finden ist. Ein aus dem Fels gehauener schmaler Gang führt hinab zu den Kammern, die jedoch leider verschlossen sind. Wenige Schritte entfernt am oberen Ende der Odos Pindou sind noch Reste der **antiken Pflasterung** 60 zu sehen, die an das rechtwinklige Straßennetz mit Hauptstraßen bis zu 16 m Breite erinnern.

Seit kurzem sind auch die kleineren *archäologischen Stätten* östlich der Akropolis durch Wegweiser ausgewiesen. So findet man inmitten der modernen Neustadt das Restgemäuer eines hellenistischen Hauses oder die Spuren eines Palastes sowie einige Nekropolen und unterirdische Gräberkomplexe.

i Praktische Hinweise

Information: EOT Greek National Tourism Organization, Odos Makariou & Papagou (Eckgebäude), Rhodos-Stadt, Tel. 22 41 04 43 36, Fax 22 41 02 69 55, eot-rhodos@otenet.gr

Golden Sun Holidays, Odos Michail Petridis 22, Rhodos-Stadt, Tel. 22 41 02 45 92,

Lauschiges Plätzchen: Taverne in einem stillen Winkel am Rande der Altstadt

Fax 22 41 03 04 67, www.rhodes-golden sun-meetings-incentives.com. Inselweite Vermittlung von Ferienwohnungen, Ausflügen, Flug- und Fährtickets

Hotels

*******Grand Hotel Palace**, Akti Miaouli, Rhodos-Stadt, Tel. 22 41 05 47 00, Fax 22 41 03 55 89, www.mitsishotels.com. Traditionshaus über dem Weststrand der Inselspitze mit Pool, Health Center und allem Komfort.

******Siravast**, Platia Charitou, Rhodos-Stadt, Tel. 22 41 23 55 17, Fax 22 41 02 33 11, www.siravast-hotel.gr. Ansprechendes modernes Gebäude mit attraktivem Restaurant im Hotelviertel an der Nordspitze der Insel. Meerblick reservieren!

TOP TIPP *****Cava d'Oro**, Odos Kistinou 15, Rhodos-Stadt, Tel. 22 41 03 69 80, Fax 22 41 07 73 32, cavadoro.com. Historisches Gebäude, klein und fein mit Garten in ruhigem Winkel an der Stadtmauer nahe dem Ekaterini-Tor.

*****S. Nikolis**, Odos Ippodamou 61, Rhodos-Stadt, Tel. 22 41 03 45 61, Fax 22 41 03 20 34, www.s-nikolis.gr. Das Haus am ruhigen Südende der Straße bei der römischen Agora bietet winzige, traditionell eingerichtete Zimmern mit Telefon, Klimaanlage und TV, aber auch Apartments und Hochzeitssuiten.

****Paris**, Odos Agios Fanourios 88, Rhodos-Stadt, Tel. 22 41 02 63 56, Fax 22 41 02 10 95. Mit Innenhof und Garten inmitten der Altstadt. Auch Apartments, Studios und Hochzeitszimmer.

Restaurants

Diafani, Platia Arionos 3, Rhodos-Stadt, Tel. 22 41 02 60 53. Griechische Atmosphäre wie in alter Zeit: ohne viel Aufwand, aber mit stets guter Küche.

Ellenikon, Odos Papanikolaou 6, Rhodos-Stadt, Tel. 22 41 02 81 11. Traditionelles Lokal mit schmackhafter, auch internationaler, Küche und Vorgarten in der Neustadt.

Kostas, Odos Pythagora 62, Rhodos-Stadt, Tel. 22 41 02 62 17. Auf seiner Glasterrasse mit Blick auf Altstadtdächer und Gärten serviert das traditionell geführte, angenehm ruhige Lokal preiswerte griechische Mahlzeiten.

Oasis, Platia Dorieon 12, Rhodos-Stadt, Tel. 22 41 03 42 53. Auf dem wunderschönen autofreien Platz unter alten Bäumen schmeckt das frisch gezapfte Bier zu griechischen Spezialitäten besonders gut (im Winter geschl.).

TOP TIPP **Palia Istoria** (›Old Story‹), Odos Mitropoleos 108 (Ecke Odos Dendrinou), Rhodos-Stadt, Tel. 22 41 03 24 21. Gepflegte griechische und internationale Küche, ergänzt von ergiebiger Weinkarte, in Künstlerambiente. Der kleine Garten bekommt den Straßenlärm mit (So geschl.).

Romeo, Odos Menekleous 7–9, Rhodos-Stadt, Tel. 22 41 02 51 86. Immer betriebsames Altstadtrestaurant mit Dachterrasse und Livemusik. Empfehlenswert sind auf der umfangreichen Karte u. a. die gegrillten Königskrabben und das mit Wein zubereitete *Chicken Cardinal* aus dem Ofen (im Winter geschl.).

TOP TIPP **Sokratous Garden**, Odos Sokratous 124, Rhodos-Stadt, Tel. 22 41 07 69 55. Der beliebte Treffpunkt unter Palmen inmitten von zauberhaftem subtropischem Grün, abgeschirmt vom Trubel bietet kleine Imbisse und große Eisbecher zu griechischer Hintergrundmusik.

2 Asgourou und Koskinou

Stimmungsvolle Dörfer am Rande der Inselhauptstadt.

Nicht weit entfernt von dem Neubaugürtel aus Kleinindustrie und Wohngebieten, der die Inselkapitale an ihrem Südrand umgibt, lohnt sich ein Abstecher in den alten Dorfkern von **Asgourou**. Dazu fährt man auf der Schnellstraße Richtung Lindos und biegt an der Ausfahrt (*nicht* der Ausschilderung ›Asgourou‹ folgen) an der weithin sichtbaren Toyota-Niederlassung in spitzem Winkel ein in die Odos Triandafyli. Dann geht es geradeaus bis zur Taverna-Ouzeri Katymos, von der man links zu der von Zypressen umstellten Kirche *Agios Ioannis o Prodromos* kommt. Nach der osmanischen Eroberung der Insel 1522 wurde die schöne Kreuzkuppelkirche aus dem 14./15. Jh. mit ihrer hübschen Tambourkuppel in eine Moschee umgewandelt, wie das frei stehende Minarett noch erkennen lässt. Die originale Ausstattung ist verloren, das Gebäude meist verschlossen. In der Umgebung sind zwischen Neubauten letzte ländliche Winkel zu entdecken, hübsch bepflanzte Bauerngärten und alte Hohlwege.

Zur Schnellstraße zurückgekehrt, empfiehlt sich ein Besuch des Nachbardorfs **Koskinou** (ausgeschildert). In seinem alten Zentrum auf der Anhöhe zeigt der wegen seiner Meernähe stark gewachsene Ort eine architektonische Überraschung: Klassizistische bunte Portale, die von Halbsäulen und ionischen Kapitellen geschmückt sind, säumen eine auf ganz Rhodos einzigartige *Straße des frühen 19. Jh.* Schwarz-weißes Chochlaki-Pflaster und blühende Pflanzenpracht zieren die dahinter liegenden schattigen Innenhöfe. Eine reiche folkloristische Sammlung zeigt hier das **Paradosiako Spiti** (das Traditionelle Haus, nur im Sommer Mo–Fr 10–13 und 18–20 Uhr).

i Praktische Hinweise

Restaurant

Giannis, Vas. Georgiou, Koskinou (im alten Zentrum), Tel. 22 41 06 35 47. Estiatorio und Taverna mit hervorragend guten griechischen Spezialitäten, bei Einheimischen sehr beliebt (Parken bei der Kirche oder an der Platia Koskinou).

Fantasievolle Zier: Halbsäulen, ionische Kapitelle und farbige Muster schmücken die Portale der Häuser aus dem frühen 19. Jh. im alten Ortskern von Koskinou

Der Osten – schöne Buchten, grüne Täler und eine antike Tempelstadt

Die größte Attraktion der von herrlichen Sand- und Kiesstränden gesäumten Ostküste von Rhodos ist **Lindos** mit einem der schönsten antiken Tempelberge des Mittelmeerraums. Der mit seinen schmucken weißen Häusern wie ein Museum herausgeputzte und tagsüber von vielen Besuchern belebte Ort besitzt zudem in seiner griechisch-orthodoxen Panagia-Kirche einen beeindruckenden Bilderschatz. Doch auch das Hinterland lockt mit kostbar ausgemalten kleinen Kirchen wie **Agios Nikolaos Fountoukli** und alten Klöstern wie **Moni Thari**. Wanderer und Spaziergänger finden in den Waldhügeln und grünen Tälern von **Petaloudes**, bei **Epta Piges** oder rund um den **Profitis Ilias**, den zweithöchsten Inselgipfel, schöne Wege in erholsamer Ruhe.

Daneben bietet die Ostküste eine große Auswahl an *Unterkünften* von ›ursprünglich‹ und ›nobel‹: Es gibt breite Sandstrände mit allem Hotelkomfort und Sportmöglichkeiten im Ferienzentrum **Faliraki**, aber auch die lang gestreckten Sandbuchten weiter im Süden mit einfachen Unterkünften bei **Charaki**, sowie dörfliche Quartiere in Olivenhainen mit Strandzugang wie bei **Afandou**.

3 Thermes Kallithea

Ein Thermalbad der 1920er-Jahre erwacht aus dem Dornröschenschlaf.

Gerahmt von einigen der schönsten Buchten bauten die Italiener nach dem Ersten Weltkrieg ein kleines Luxusbad, das heute durch seinen nostalgischen Charme und den malerischen Reiz des Verfalls wieder eine Attraktion ist.

Architekt der einst so mondänen **Kuranlage** über der Doppelbucht von Kallithea war *Pietro Lombardi*, der mit einer harmonischen Mischung von Kuppelbauten und Arkaden in exotischer Gartenpracht einen Impuls für den Rhodos-Tourismus der Schönen und Reichen gab. Nach Zerstörungen durch Bombenangriffe im Zweiten Weltkrieg wurde das Thermalbad jedoch geschlossen, die erhaltenen Pavillons, die Trinkhalle und die Gärten verfielen. Erst seit kurzem ist eine umfassende Restaurierung im Gange.

Trotzdem lohnt ein Spaziergang durch das stimmungsvolle **Parkareal** hinauf auf die Felshöhe mit dem baufälligen Rondell der *Trinkhalle* (Zugang gesperrt) oder durch subtropisches Grün hinab zur *Badebucht*, wo sich wieder die Sonnenhungrigen aalen, und zum kleinen Hafen.

Eine gute Auswahl an Hotels findet sich auf den umliegenden Höhen und an den benachbarten Buchten von Koskinou und Faliraki.

◂ Rhodisches Strandjuwel: die von Felsen gerahmte Anthony Quinn Bay

i Praktische Hinweise

Restaurants

Jordans Beach Bar und Cantina, Kallithea. Das Lokal liegt in der südlich an die Thermen anschließenden male-

Romantisch verwunschen: Pavillon der einst mondänen Kuranlage Thermes Kallithea

rischen Felsbucht. Kleine Gerichte, frischer Fisch und vorzüglicher Ausblick. Badestrand vor der Terrasse.

Tsampikos Kavourakia, Kallithea, Tel. 22 41 06 22 66. Auf der grün überwachsenen Terrasse am Meer (nahe beim Hotel Lomeniz Blue) werden Fische, Kalamari und andere Meeresfrüchte besonders schmackhaft serviert.

4 Faliraki und Ladiko

TOP TIPP *Spaß, Sport und Trubel von früh bis spät, aber das größte Ferienzentrum der Ostküste hat auch ruhige Plätze.*

Vom einstigen Fischerdorf **Faliraki** ist nur noch wenig erhalten, seinen herrlichen Stränden, breit, feinsandig und kinderfreundlich sanft abfallend zum Meer, sowie der Nähe zu Rhodos-Stadt verdankt der Ort seine Entdeckung als Urlaubsparadies in den 1970er-Jahren. Heute bietet Faliraki rund 20 000 Gästebetten, eine Fülle von Restaurants, Bars und Diskotheken sowie vielfältige Sportmöglichkeiten. Am Strand stehen die bunten Schirme und Liegen in der Hochsaison in zehn Reihen hintereinander. Der **Waterpark Faliraki-Rhodos** (Tel. 22 41 08 44 00, www.water-park.gr) bietet zahlreiche Wasser-Spaß-Attraktionen.

Wer es gern weniger turbulent und quirlig hat und eher die familiäre Beschaulichkeit abseits vom umfangreichen Unterhaltungsangebot Falirakis sucht, dem bieten auf dem südlich gelegenen Hügel von **Ladiko** einige kleinere und mittelgroße Quartiere angenehme Ruhe in grüner Landschaft. Der *Ausblick* bis zu den Vorgebirgen um die weite Meeresbucht ist hinreißend schön. Pendelbusse bringen die Gäste zum Strand von Faliraki und zurück.

Liebhaber romantischer Felsbuchten zieht es mehr zur *Ladiko Bay* und TOP TIPP vor allem zur benachbarten **Anthony Quinn Bay**. In dieser Bucht, mit ihren Felsklippen und grünen Pinien ein wahres Juwel mediterraner Küstenschönheit, wurde dem amerikanischen Schauspieler von der ›Obristen‹-Regierung ein Haus geschenkt (andere erzählen: die ganze Bucht), weil er nach dem Welterfolg des Kreta-Films ›Alexis Sorbas‹ mit dem Streifen ›Die Kanonen von Navarone‹ auch Rhodos einem großen Publikum bekannt machte. Nach dem Sturz der Militärdiktatur gab Quinn das Geschenk jedoch an Griechenland zurück.

Reizvolle Ferienhochburg: die von feinsandigen Stränden gesäumte Küste von Faliraki

i Praktische Hinweise

Hotels

TOP TIPP ****Apollo Beach, Faliraki, Tel. 22 41 08 55 13, Fax 22 41 08 58 23. Das traditionsreichste Haus Faliraks mit Park und Garten sowie großer Liegewiese befindet sich direkt am Strand nahe dem Zentrum. Zur Ausstattung zählen zwei Restaurants, Satelliten-TV und Klimaanlage in allen 310 Zimmern sowie ein Fitness-Center.

***Atalanti, Ladiko, Tel. 22 41 08 59 80, Fax 22 41 08 52 55. Das Hotel am Berghang zwischen Faliraki und Anthony Quinn Bay bietet auf der Meerseite eine traumhafte Aussicht (entsprechendes Zimmer reservieren!) sowie Restaurant, Bar und Pool. Minibus-Service zum Strand. Unter den 52 Zimmern (mit Satelliten-TV) gibt es auch familiengerechte Größen.

Restaurants

TOP TIPP **Dimitra**, im Zentrum Falirakis am Strand, Tel. 22 41 08 57 56. Auf der großen Terrasse werden griechische oder internationale Gerichte und eine gute Auswahl rhodischer Weine serviert.

Ladiko, Ladiko Bay, Tel. 22 41 08 54 82. Beliebtes Lokal, in dem griechische Gerichte überdurchschnittlich gut zubereitet werden.

Restaurant Maria, bei der Kapelle am kleinen Faliraki-Hafen, Tel. 22 41 08 52 80. Einfach und klein, aber wegen seiner Küche überaus geschätzt.

Sotiris, am Strand zwischen dem Zentrum und den großen Hotels am Nordrand Falirakis, Tel. 22 41 08 51 48. Die gemütliche griechische Taverne abseits vom Trubel bietet mehrmals wöchentlich Livemusik, die Wirtin Maria singt.

5 Afandou

Der Badeort besitzt eine kostbar ausgestattete Kirche.

Dank seiner Lage auf halbem Wege zwischen Rhodos-Stadt und Lindos, vor allem aber auch wegen des langen, selbst in der Hochsaison nie überfüllten *Sand- und Kiesstrandes* ist Afandou als Urlaubsquartier beliebt. An der lebhaften **Platia**, dem Hauptplatz des großen Dorfes, reiht sich Café an Café, Hotels gibt es jedoch nur wenige, dafür aber zahlreiche Apartments für Selbstversorger. Für den fast schattenlosen, 2 km langen Weg zum Strand mieten viele Gäste einen Scooter oder Kleinwagen.

Der heutige Ort geht auf eine Gründung des 7. Jh. zurück. Im Schutz eines Hügels gelegen und vom Meer her nicht einsehbar (afandou = unsichtbar), bot diese Siedlung den Bewohnern des von arabischen Piraten zerstörten, an der Küste gelegenen antiken *Brikindara* Sicherheit vor weiteren Überfällen. Reich wurde die neue Siedlung Afandou jedoch auch in späteren Jahrhunderten nicht. In der wirtschaftlich schwierigen Situation nach dem Zweiten Weltkrieg gingen sogar viele Bewohner Afandous als Gastarbeiter nach Deutschland, woran die wohl einmalige mediterrane **Platia Gummersbach** im Ort erinnert.

Der *touristische Ausbau* Afandous in den letzten Jahrzehnten hielt sich in Grenzen und schonte die von Olivenhainen geprägte Landschaft der Umgebung. Ein Besuchermagnet ist der einzige **Golfplatz** der Insel unmittelbar am Meer. Seine Erweiterung ist bereits geplant.

Wichtigste Sehenswürdigkeit Afandous ist die aus dem 12. Jh. stammende Marienkirche **Naos Panagias tis Katholikis.** Sie liegt an der Straße, die aus dem Ort südöstlich hinaus und auf einer Brücke über die Küstenstraße Rhodos–Lindos hinweg zum Strand führt (ausgeschildert). Bei einem Rundgang um das winzige mittelalterliche Gotteshaus nimmt man Reste eines *Marmorfußbodens* und die eingemauerten *antiken Bauteile* (Spolien), darunter eine gut erhaltene *Säule*, wahr. Zu erkennen sind auch jüngere *Gewölbereste*, die einen wesentlich größeren Vorgängerbau, wohl eine Basilika des 5./6. Jh., vermuten lassen. Die heutige Kreuztonnenkirche bietet mit ihren beiden extrem kurzen Querarmen vor allem in der *Apsis*, die die seltene Variante einer steinernen *Ikonostase* birgt, und im Gewölbe Raum für ein interessantes Bildprogramm. Viele der wahrscheinlich im 16. Jh. geschaffenen *Fresken* wurden schwer beschädigt, von großer Schönheit sind noch ein ›Erzengel Gabriel mit dem Flammenschwert‹ und rechts am Eingang die Paradiesszenen mit Eva, um die sich die Schlange, vom Baum der Erkenntnis herabkommend, windet.

Golffans kommen auf Rhodos nicht zu kurz: der 18-Loch-Platz von Afandou in landschaftlich reizvoller Lage lockt Könner und solche, die es noch werden wollen

Die Kirche **Kimisis tis Theotokou** (Entschlafung der Gottesmutter) an der zentralen Platia ist ein Bauwerk des 20. Jh., doch zeigen sowohl die Architektur als auch die reiche *Malerei* in Innern mit ihrer strengen Formensprache byzantinischer Kunst beständiges Traditionsbewusstsein. Die Bildausstattung mit Darstellungen der Gottesmutter in der Apsis, der Engel und Heiligen oder der Szenen aus dem Leben Christi reicht von der Kuppel bis zum Fußboden. Schön anzusehen sind auch das schwarz-weiße *Chochlaki-Pflaster* im Hof und im Kirchenraum, die Kreuzrippengewölbe im lang gestreckten Hauptschiff und der frei stehende *Turm*.

Im kleinen **Museum** (tgl. 9–11 und 17–20 Uhr, im Winter kürzer) auf dem Kirchengelände sind zum einen Ikonen und rituelles Silbergerät wie Monstranzen und Abendmahlsbecher ausgestellt, zum andern Dinge des dörflichen Alltags von gestern und vorgestern: Stickereien, Keramiken und hölzerne Pflugscharen.

i Praktische Hinweise

Sport und Freizeit

Omilos Golf Club Afandou, Afandou Bay, Tel. 22 41 05 27 98, Fax 22 41 05 11 22, www.afandougolfcourse.com. Ganzjährig geöffneter 18-Loch-Golfplatz (Golf Course, Tel. 22 41 05 14 51) am Meer. Im Frühjahr und Herbst findet hier der ›International Champion Cup‹ statt. Auf Wunsch auch Golfunterricht und Aufnahme als Mitglied (Anmeldung bei Mr. Charisis unter Tel. 22 41 02 56 98, Fax 22 41 03 55 82 (auch Agentur Alhambra).

Hotels

*****Afandou Beach Hotel**, Afandou, Tel. 22 41 05 15 86, Fax 22 41 05 20 03. Das Haus mit Restaurant und Pool liegt ruhig zwischen Gärten und Feldern, nur 5–10 Min. Fußweg vom Strand entfernt. Zimmer mit Klimaanlage und einige auch mit Meerblick.

*****Reni Sky**, Afandou,Tel. 22 41 05 11 25, Fax 22 41 05 24 13. In ruhiger und strandnaher Lage, in der Ausstattung etwas einfacher, aber mit Klimaanlage.

Restaurants

Garden Life 2, El. Venizelou 2, Afandou, Tel. 22 41 05 24 22. Restaurant in angenehm ruhiger Lage mit Baumgarten und freundlichem Service. Spezialität: Pizza aus dem Steinofen.

Golfer Restaurant, Afandou (an der Straße Richtung Rhodos-Stadt gegenüber dem Golfplatz), Tel. 22 41 05 18 61. Griechische Gerichte, auch Fischspezialitäten, auf gemütlicher Terrasse.

Sergio's, an der Platia, Afandou, Tel. 22 41 05 20 50. Im ersten Stock werden italienische Klassiker wie Pizza und Pasta serviert, mit Ausblick auf das – vor allem abends lärmige – Dorfleben. Angeschlossen ist auch eine Bar.

6 Psinthos

Ein geschichtsträchtiges Bergdorf mit netten Tavernen an schöner Platia.

Zentrum des Ortes ist ein knorriger alter Ölbaum auf der stimmungsvollen Platia. Hier laden mehrere *Tavernen* mit einem reichen Angebot an typisch griechischen Gerichten zur Rast ein. Sie werden häufig von Gästen besucht, die auf dem Weg ins nahe Schmetterlingstal Petaloudes [Nr. 7] sind. Besondere Sehenswürdigkeiten hat der Ort nicht zu bieten, und außer einer Gedenktafel erinnert heute nichts mehr daran, dass Psinthos 1912 *Schauplatz* jener Niederlage der osmanischen Truppen gegen die italienischen Angreifer war, die Rhodos von der nahezu 400-jährigen türkischen Herrschaft befreiten.

Ein lohnender Abstecher führt zu der schönen mittelalterlichen Kirche **Ieros Naos Agias Trias**, die etwa 2 km südlich liegt, eingebettet in eine sanfte Hügellandschaft mit *Fernblicken* ins fast unbewohnte Bergland rund um den 480 m hohen *Psinthos*. Inmitten eines Festplatzes mit Bäumen, Tischen und Bänken bewahrt diese Dreifaltigkeitskirche aus dem 14. Jh. unter ihrem einschiffigen Tonnengewölbe restaurierte *Fresken* von 1407/08 mit Szenen aus dem Leben Christi (Schlüssel in Psinthos beim Wirt des Restaurant Smaragd erfragen). Im Tal, etwa 200 m unterhalb der Kirche, hat ein freundlicher Stifter einen Quell fassen lassen, der Erfrischung bietet.

Einfach und gut: griechischer Bauernsalat im Restaurant Smaragd in Psinthos

Praktische Hinweise

Restaurant

TOP TIPP **Smaragd**, am Hauptplatz von Psinthos, Tel./Fax 22 41 05 02 22. Selten isst man die Dolmades, die in Weinblätter gewickelte Vorspeise, so köstlich wie bei Georgios E. Markou. Typisch Griechisches, das man auf kaum einer Karte findet, wie z. B. Stockfisch mit Knoblauchsauce, offenbart sich hier als ländliche Delikatesse.

7 Petaloudes und Moni Kalopetra

Schmetterlinge gibt es nur im Sommer, aber stets führen schöne Spazierwege durch das üppig grüne Tal.

Bis vor wenigen Jahren waren die rötlichbraunen gepunkteten *Harlekin-Schmetterlinge* (Partaxia quadripunctaria) mit ihren gelblichen Strichen und Streifen die große Attraktion von TOP TIPP **Petaloudes** (Schmetterlingstal, nur im

Einsam im Wald: die mittelalterliche kleine Kirche Ieros Naos Agias Trias bei Psinthos

Präsentation mit Seltenheitswert: die schönen Harlekine, die Petaloudes berühmt machten, sind in dem malerischen Schmetterlingstal oft nur hinter Glas zu sehen

Sommer tgl. 8.30–19 Uhr). Zu Tausenden schwirren sie im Juli und August, mitunter bis in den September hinein, um die Büsche und Bäume des 5 km langen Tals, das sich in den Hügeln zwischen Psinthos und der Westküste öffnet. Die Nachttiere kommen seit undenklichen Zeiten von weither zur Paarung in das feuchte Biotop von Petaloudes mit dem duftenden Harz der *Amberbäume*, die sonst nur an der Küste Kleinasiens verbreitet sind.

Allerdings droht den Schmetterlingen Gefahr: Die Straßen zum Tal sind mittlerweile komfortabel ausgebaut, schon morgens vor 9 Uhr parkt das erste Dutzend Busse vor dem *Ticket-Kiosk* (benachbart kleines Museum zur Rhodos-Fauna). Wenn die zahllosen Besucher den sauber hergerichteten *Felspfad* unter alten Bäumen, vorbei an klaren Wasserbecken und urigen Felstürmen, hinaufsteigen, zeigt sich heute an manchem Tag kaum mehr ein Schmetterling. Doch immer wieder durchbricht ein Ungeduldiger die gebotene Stille, klatscht in die Hände, um einen dünnen Schwarm der ›Harlekine‹ aufflattern zu sehen. Leider umsonst warnen Schilder entlang der Wege vor dem Erschrecken der Schmetterlinge, da diese beim Auffliegen ihren Energievorrat verlieren und sich durch die permanenten Störungen nicht fortpflanzen können. Ihre Zahl hat sich bereits in alarmierendem Ausmaß verringert, klagen die Naturschützer. Trotzdem lohnt ein Spaziergang – mit dem angemessenen Respekt für die Harlekine – durch die grüne Idylle des Tals.

Eine prächtige Muttergottes ziert die Ikonostase der Klosterkirche von Moni Kalopetra

Nach einer knappen halben Stunde hat man die Wegkreuzung erreicht, hinter der noch etwa 300 m bis zum Kloster **Moni Kalopetra** bergan zu wandern sind. Weil das viele tun, ist man dort auf die Gäste vorbereitet. Unter Orangenbäumen hinter der weißen Klostermauer werden an steinernen Tischen Wassermelonen, Loukoumades (= Donuts), Joghurt mit Honig oder Nüssen, frischer Orangensaft oder Kaffee angeboten – zu

Hier mag man gerne geruhsam verweilen: Rast im Schatten unter Orangenbäumen im idyllischen Klosterhof des Moni Kalopetra

genießen bei großartiger Aussicht über das Meer bis zur türkischen Küste hin. Die einschiffige kleine *Klosterkirche* mit der Jahreszahl 1484 über der Tür zeigt an der holzgeschnitzten Ikonostase einen Erzengel Michael mit gezücktem Schwert und eine von Engeln umschwebte Muttergottes. Silberne Votivtäfelchen rahmen darunter die von Pilgern verehrte Ikone der entschlafenen Maria. Ein schöner, etwas verblasster Sternenhimmel überzieht das Deckengewölbe.

Wer nicht auf demselben Weg durch das Tal zum Parkplatz zurückgehen möchte, kann von der Kreuzung unterhalb des Moni Kalopetra der Serpentine bergab folgen oder ein Taxi rufen.

Abseits der Straße vom Petaloudes-Tal zur Westküste ist der **Rhodes Ostrich Farm and Park** (tgl. ab 9 Uhr) zu besichtigen, eine Straußenfarm mit Spielplatz und Bar sowie Souvenirverkauf.

8 Kolymbia und Tsambika

Nachbarn: die Badestrände und die Wallfahrtskirche auf dem Berg.

Über fast 2 km Länge erstreckt sich die prächtige **Eukalyptusallee**, die von der Hauptroute Rhodos–Lindos zum Badeort Kolymbia abzweigt. Mit ihrem dichten Grün unter den Wipfeln der hohen Bäume ist sie die schönste der Insel. In Meernähe wird sie neuerdings von etlichen Restaurants und Supermärkten gesäumt. Sie sind die Vorhut einer touristischen Infrastruktur, die sich innerhalb weniger Jahre rund um die von Felsen gerahmten Sand- und Kiesstrände von **Kolymbia** entwickelt hat und sich in lockerer, durchwegs niedriger Bebauung schon ins Hinterland ausweitet. Die Auswahl an Hotels verschiedener Kategorien ist bereits groß.

Wer es vorzieht, an einem Sandstrand weitab von allen Hotels zu baden, nur mit dem Komfort einer einzigen Taverne und einem halben Dutzend Cantinas, folgt etwas weiter südlich an der Hauptstraße Rhodos–Lindos der Abzweigung nach **Tsambika Beach**. Feinster Sand erstreckt sich auf Hunderten von Metern Länge und in stattlicher Breite. Vom Wind aufgehäufte Dünen säumen die Felsen am Rande der weiten Bucht.

TOP TIPP

Wie es heißt, gehört das verlockende Gelände dem Kloster **Moni Tsambika** und ist daher bislang nicht bebaut worden. Die Nonnen, die früher in dem winzigen Konvent auf der windumtosten Felsenhöhe zwischen Kolymbia und der Tsambika-Bucht lebten, sind mittlerweile in größere Klostergebäude umgezogen. Sie liegen oberhalb der Hauptstraße an der Auffahrt in die große Bergkurve vor der Ebene von Archangelos. Einen kurzen Halt lohnt die dortige ornamental ausgemalte *Klosterkirche* des 18. Jh. Unter den Gewölben im Inneren verbreiten zahllose Lampen und Lüstern ihr gelblich schimmerndes Licht, gesteigert noch durch den Widerschein der vergoldeten Ikonostase. Hier hat heute auch unter schwerem Silberrelief die hoch verehrte Ikone der Panagia Tsambikas aus dem alten Kloster ihren Platz.

Top Tipp

Auch ohne dieses Gnadenbild ist die alte kleine Marienkirche **Iera Moni Panagias Tsambikas Kyras** auf dem Felsen über dem Meer noch immer wichtiges Pilgerziel. Man kann den rund 300 m hohen Gipfel, der einen unvergesslichen Ausblick bietet, von Kolymbia aus zu Fuß ersteigen, eine gut ausgebaute Straße führt aber auch etwa bis zur Hälfte hinauf zum *Panoramic Restaurant Tsambika Psili*. Von dort ist zum Kloster noch ein Treppenweg von 305 Stufen im Schatten knorriger Bergpinien zu bewältigen. Dann ist der Gipfelplatz erreicht, der für einen Turm zu stürmisch gewesen wäre. Die Glocken hängen daher frei an Eisenstreben über der Ummauerung der Kirche. Etliche Schilder bitten um Respekt für den Ort durch angemessene Kleidung sowie den Verzicht aufs Fotografieren und Rauchen. Frauen können sich einen langen Rock ausleihen. Das *Gipfelkirchlein*, das samt den schmalen Klosterräumen mit einer stabilen Metallüberdachung vor dem Davonfliegen geschützt ist, zeigt im *Inneren* eine bescheidene Ikonostase und im Bogenfeld der linken Seitenwand halb hinter einem Vorhang ein neueres, wandfüllend großes Gemälde der Panagia. Dutzende von Votivtäfelchen zeugen vom Vertrauen in ihre Hilfe. Am Rundblick über Meer, Küsten und Gebirge sieht man sich kaum satt.

Nicht versäumen sollte man den Besuch des privaten Volkskundemuseums **Laographikou Moussion**, das der Wirt des Panoramic Restaurant gegenüber seiner Taverne in zehnjähriger Arbeit aus Natursteinen und geschwärzter Sackleinwand eigenhändig errichtet hat. Außer einer Kinderwiege, Küchengerät und bäuerlicher Keramik enthält dieses ungewöhnliche Gebäude Skulpturen, die der Autodidakt *Kostas Spanos* ebenfalls

Ein unvergessliches Panorama: Ausblick von dem alten Gipfelkirchlein Iera Moni Panagias Tsambikas Kyras auf den herrlich weiten feinsandigen Strand Tsambika Beach

Im Zeichen der Fruchtbarkeit

Die Gründungslegende des Klosters **Moni Tsambika** erzählt, dass der Ort durch eine Ikone der **Panagia** (Muttergottes) geheiligt ist, die auf rätselhafte Weise von Zypern auf diesen Berg geriet. Mehrmals an die Zyprioten zurückgegeben, kehrte sie stets wie durch ein Wunder wieder hierher zurück.

Ein kinderloses Ehepaar soll schließlich eines Tages auf dem Felsen einen Feuerschein (= tsambika) bemerkt und dort die vergrabene Ikone gefunden haben. Sie gelobten ein **Kloster** zu bauen, sollte die Panagia ihren lang gehegten **Kinderwunsch** erfüllen. Als den beiden tatsächlich Nachwuchs geboren wurde, ließen sie auf dem Gipfel den kleinen Konvent errichten, dessen Kirche **Iera Moni Panagias Tsambikas Kyras** noch immer Ziel vieler Frauen ist. Bis heute wird von **Pilgerinnen** berichtet, denen die erhoffte Schwangerschaft zuteil wurde, nachdem sie mit einem schweren Stein in einem Sack auf ihrem Rücken bergan zu der weiß getünchten alten Klosterkirche gewandert sind und dort eine Nacht verbracht haben. Aus Dankbarkeit für die gewährte Gnade der Panagia wird das geborene Kind traditionsgemäß auf den **Namen** Tsambika oder Tsambikos getauft. Einen Höhepunkt der Verehrung bildet alljährlich am 8. September der **Festtag** der Panagia Tsambikas, der sowohl auf dem Felssporn als auch im neuen Kloster gefeiert wird.

selbst gefertigt und bemalt hat. Sie stellen mit anrührender Ausdruckskraft Szenen der Geburt Christi dar.

Praktische Hinweise

Hotels

******Irene Palace**, Kolymbia, Tel. 22 41 05 62 24, Fax 22 41 05 62 62, www.irenepalace.gr. Größeres Hotel in bester Lage direkt über dem Kiessandstrand mit Garten und Liegewiese, Pool, Sauna und mehreren Bars. Außerdem zählen Mini- und Teenage-Club sowie Sportmöglichkeiten und Animationsveranstaltungen zum Komfort. Für sein Umweltschutz-Engagement wurde das Hotel mehrmals ausgezeichnet. Am besten ein Zimmer mit Meerblick reservieren.

******Kolymbia Beach Hotel**, Kolymbia, Tel. 22 41 05 62 25, Fax 22 41 05 62 03. Große Anlage mit Pool und Tennisplatz in ansprechend aufgelockerter Architektur am Rande der Hotelzone direkt am Meer und nahe dem Tsambika-Berg. Der Kiesstrand ist jedoch nur schmal.

Restaurants

Limanaki, Kolymbia, Tel. 22 41 05 62 40. Das Lokal auf einem Felsvorsprung über der Meeresbucht ist bei Einheimischen wie Touristen gleichermaßen beliebt. Serviert werden Fischspezialitäten aus eigenem Fang, aber auch griechische Fleisch- und Gemüsegerichte.

Panoramic Restaurant Panagia Tsambika Psili, kein Tel. Spezialitäten aus dem Holzofen, hausgemachtes Brot und köstlicher frisch gepresster Orangensaft können bei opulenter Aussicht genossen werden. Pilger finden auch ein einfaches, preiswertes Nachtquartier.

9 Epta Piges

Das Tal der ›Sieben Quellen‹ ist ein sehr beliebtes, weil auch in der Sommerhitze kühles Ausflugsziel.

Das romantische, saftig grüne Tal Epta Piges erreicht man von Kolymbia über die gut ausgeschilderte Straße Richtung Archipolis und Eleoussa [Nr. 10], die immer dem Flusstal folgend etwa 3 km nach Verlassen der Küstenstraße Rhodos–Lindos einen unauffälligen, leicht zu übersehenden **Parkplatz** passiert. Dort kann man das Fahrzeug stehen lassen und zu Fuß in einer halben Stunde zu den südlich gelegenen ›Sieben Quellen‹ sowie zu dem unter italienischer Verwaltung Anfang des 20. Jh. angelegten begehbaren Wassertunnel wandern. Alternativ kann man auch vom Parkplatz einige Serpentinen direkt zum Waldrestaurant und Wassertunnel hinauffahren.

Die schattige Fülle von Baum- und Buschgrün, die den auch im Sommer Wasser führenden, beim Restaurant in einer Steinrinne kanalisierten Bach mit

Malerische Quellbecken zwischen dichtem Grün machen das Tal der Epta Piges …

quellklarem Wasser und kleinen Brücken umgibt, sowie das Ambiente mit frei laufenden Enten und Pfauen machen den Ort zu einem beliebten Treffpunkt für Ausflügler. Gleich an der Uferböschung laden Restaurant-Tische zur Rast ein.

Wer sich zu einer intensiven Abkühlung in das Felsdunkel (Taschenlampe mitnehmen!) des schmalen **Wassertunnels** traut – à la Kneipp, barfuß durch das meist etwa knöchelhohe Nass –, kommt nach rund 180 m bei einem stillen Staubecken im Wald wieder ans Licht. Früher diente diese Kanalisierung der Landwirtschaft zur Bewässerung der Ebene.

Weitere Fußpfade führen in den Talkessel hinauf zu einem romantischen **Quellbecken**, in das sich ein kleiner Wasserfall ergießt. Hohe Pinien, Platanen, Feigenbäume und Oleander, auch duftende Kräuter umrahmen den Bachlauf. Die Sieben Quellen locken hier ebenso wie die **Rastplätze** in grüner Waldlandschaft. *Kinder* haben am Klettern an den Hängen Spaß, und *Wanderer* können die Tour weiter südwärts bis Archangelos [Nr. 13] ausdehnen, durch Olivenhaine und an Obstgärten vorbei, streckenweise auch mit Ausblick auf den Doppelgipfel des 798 m hohen Profitis Ilias (etwa 1 Std., Markierungen fehlen jedoch meist).

10 Eleoussa

Ein Dorf mit italienischer Vergangenheit in arkadischer Hügellandschaft.

Unterwegs zur Kirche Agios Nikolaos Fountoukli [Nr.11] wird das Zentrum Eleoussas von den meisten rasch durchfahren. Ins Auge fallen jedoch die nur dürftig restaurierten, mit ihren großen Pfeilern und eckigen Formen etwas wuchtig und düster wirkenden Gebäude rund um die von Pinien und Palmen begrünte **Platia**, weil sie gar nicht zum üblichen rhodischen Dorfcharakter passen. Tatsächlich stammen sie aus der Spätzeit der italieni-

... mit seinen angenehm schattigen Picknickplätzen in der Hitze der Sommermonate zu einem beliebten Ausflugsziel für Einheimische und Touristen gleichermaßen

Kleinod mittelalterlicher Kunst: eine reiche Ausmalung überrascht den Besucher im Innern der Kirche Agios Nikolaos Fountoukli, ...

schen Herrschaft und wurden um 1940 als Militärkrankenhaus sowie als Sommerresidenz des faschistischen Gouverneurs *Cesare Maria de Vecchi* erbaut.

Dagegen ist das schlichte, tonnengewölbte Kirchlein der **Panagia Eleoussa** unterhalb der Straße am Ortsausgang Richtung Fountoukli ein Bau des 15. Jh.; leider ist der Schlüssel in der nächst gelegenen Taverne nicht immer aufzutreiben. Der große **Steinbrunnen** vis-à-vis, in dessen Rund aus einer Steinschale darüber in ruhigem Gleichmaß Wasser strömt, bietet einen schönen poetischen Anblick. Mehrere Tavernen mit Baumschatten laden in der Nähe zur Rast ein.

11 Agios Nikolaos Fountoukli

TOP TIPP *Das mittelalterliche Klosterkirchlein ist eines der schönsten auf Rhodos.*

An der meist wenig befahrenen Waldstraße zur Höhenregion des Profitis Ilias und zum Weinort Embonas [Nr. 30] öffnen sich die von Pinien bewachsenen Hügel zu einer natürlichen Landschaftsterrasse mit herrlichem **Ausblick** über die grünen Täler und Berge nach Norden.

Seit dem 14./15. Jh. steht hier auf einer Wiese die umfriedete kleine Kirche **Agios Nikolaos Fountoukli** (= zu den Haselnüssen). Sie wurde als harmonischer *Vierkonchenbau* mit vier halbrunden Räumen unter der Hauptkuppel in recht bescheidenen Dimensionen errichtet, sodass ihre reiche **Ausmalung** im Inneren überrascht. Diese wurde so weit wie möglich restauriert, in der Kuppel ist sie jedoch ganz verloren. Das *Stifterbild* am Westeingang rechts vom Glockenstuhl erzählt den traurigen Anlass für den Bau der einst einem Kloster zugehörigen Kirche. Ein Elternpaar, das gemeinsam ein

... die unscheinbar und schmucklos auf einer einsamen Waldlichtung steht

In ein weites Tal gebettet: der Ort Archangelos mit reizvoller Felsenkulisse

Modell des Gotteshauses hält, ist auf der einen Seite dargestellt, auf der anderen sind ihre drei Kinder zu sehen, die laut Inschrift binnen kurzer Zeit starben. Der jugendliche *Christus* schwebt segnend über der Gruppe der Kinder, *Weinranken* und *Vögel* sind als Symbole der Hoffnung und Verheißung des Paradieses zu deuten. Die Schönheit der Malerei ist vor allem im Bild des *Christus Pantokrator* (= Weltenherrscher) über dem Altar sowie in den Szenen der *Flucht nach Ägypten*, der *Taufe Christi im Jordan* und der *Erweckung des Lazarus* erhalten.

Draußen lässt eine **Quelle** erfrischend kaltes Wasser in einen Trog strömen, unter einem uralten Olivenbaum kann man rasten, während Kinder sich auf einem Spielplatz vergnügen.

12 Profitis Ilias

Rhodos' zweithöchster Gipfel erinnert an einen italienischen Luftkurort.

Westlich von Agios Nikolaos Fountoukli erreicht man bereits nach wenigen Kilometern die Bergregion des Profitis Ilias, dessen Gipfel allerdings wegen militärischer Fernmeldeanlagen gesperrt ist. Wenn man auch weder Hirsch noch Hirschkuh, den Wappentieren der Insel, in den weiten Wäldern rund um den Profitis Ilias begegnet, so trifft man doch hier droben auf die nach ihnen benannten früheren **Kurhotels** ›Elafos‹ und ›Elafina‹. Sie sind an der Straße noch immer ausgeschildert, aber seit langem geschlossen – schade, denn mit ihren Holzbalkonen, verspielten Giebeln und den Fensterläden mit Herzdekor der italienischen Chalet-Architektur der 1920er-/1930er-Jahre besitzen sie einen herrlich nostalgischen Charme.

Das gegenüber gelegene **Waldcafé** hingegen ist in der Saison täglich geöffnet. Vielleicht wird auch das *Sportzentrum*, zu dem links eine Straße abzweigt, noch einmal aufleben. Vorerst jedoch versprechen die Schilder zuviel. *Wanderfreunde* finden in der Berglandschaft eine reiche Auswahl an Wegen, die aber meist keine Markierungen aufweisen.

13 Archangelos und Stegna

Großes Dorf mit Burgruine und betriebsamer Badestrand, umrahmt von Grün und imposanten Felsen.

Die *Erzengel* genannte Siedlung schmiegt sich zwischen zwei Hügelflanken und dem Meer an der Hauptstraße Rhodos–Lindos in eine weite Talschale. Mit einer Einwohnerzahl von rund 7000 zweitgrößter Ort der Insel, zählt **Archangelos** – nach griechischem Maßstab – offiziell bereits als Stadt. Seine weiß gekalkten Häuser und verwinkelten Gassen haben aber ihren dörflichen Charakter nicht verloren, manche Straße ist sogar so schmal, dass auch ein Kleinwagenfahrer kapitulieren muss.

Das Herz von Archangelos mit Cafés, Restaurants und zahlreichen Souvenirläden voller Teppiche, Webarbeiten und Keramik ist die breite **Hauptstraße**, die zwischen den neueren Siedlungsgebieten und dem alten Zentrum verläuft. Als Wahrzeichen ragt weiß leuchtend der verspielte *Glockenturm* der Kirche **Agios Archangelos** über den Dächern der verwinkelten ›Altstadt‹ auf, ein siebenstöckiges Kunstwerk der Steinmetze mit zahllosen zierlichen Säulen, Kuppeln, Kreuzen und Voluten. Während das Gotteshaus selbst 1845 erbaut wurde, stammt der Kirchturm aus der Frühzeit der italienischen Herrschaft Anfang des 20. Jh.

Auf der Anhöhe über Archangelos thront das **Kastell der Johanniter** von 1467, das sich hinter einer mächtigen, 5–7 m hohen Mauer jedoch nur noch als Ruine präsentiert. Erhalten sind einige Großmeister- und das Ordenswappen am Eingang sowie der ummauerte *Burghof* mit der bescheidenen Kapelle *Agios Ioannis*. Man erreicht die Burghöhe über eine am östlichen Dorfrand von der zum Strand führenden Straße rechts abzweigende Zufahrt mit der Ausschilderung ›Akropolis‹. Von oben herabblickend versteht man, dass das Erzengel-Dorf sich einst vor dem offenen Meer und dem Blick der Piraten landeinwärts versteckte.

Auf dem Weg zum *Strand* (3 km) wechselt das Landschaftsbild unvermittelt ins Hochdramatische. Die Straße windet sich einen Kessel mit hausgroßen Felsbrocken hinab, bevor sie die freundliche Doppelbucht von **Stegna** erreicht. Binnen weniger Jahre hat sich das einstige Fischerdorf mit vielen Neubauten in einen betriebsamen, auch von vielen jungen Gästen gern besuchten *Badeort* verwandelt. Restaurants und Apartmenthäuser säumen die Uferstraße über dem Kiessandstrand bis zum Fischerhafen *Porto Angeli*.

Etwa 2 km südlich von Archangelos lohnt wegen ihrer kostbaren Fresken die auf der Höhe der Hauptstraße nach Lindos gelegene Einraumkirche **Agios Theodoros o Tiron/Agios Theodoros o Stratilatis** unbedingt einen Besuch. Sie ist zwei römischen Soldaten geweiht, die für ihren Glauben das Martyrium erduldeten. Mit Glück findet man das eiserne Gittertor zu der kleinen Gartenanlage offen, in der das äußerlich schlichte weiße Kirchlein seinen Platz hat. Die *Fresken* im Inneren sind durch eine Stifterinschrift von 1377 datiert und stellen aufgrund ihrer hervorragenden Qualität und ihres guten Erhaltungszustands einen Kunstschatz dar. Besondere Erwähnung verdienen die Heiligendarstellungen an der Nordwand und das Stifterbild rechts der Tür an der Westwand, da sie bereits starke individuelle Züge aufweisen. Im Gegensatz dazu sind die Deesis mit Christus, Maria und Johannes im Altarraum sowie die Szenen aus dem Leben Christi im Gewölbe im traditionellen byzantinischen Stil gemalt.

i Praktische Hinweise

Restaurant

Gregoris, an der Uferstraße, Stegna, Tel. 22 44 02 26 35. Das bereits 1908 gegründete Lokal mit großer schattiger Terrasse unter Weinranken (Selbstbedienung) und Dachrestaurant bietet preiswerte griechische Küche.

14 Charaki

Sand, Meer und einfache Quartiere mit Blick auf den einstigen Festungshügel Faraklos.

Die Stille wird hier nur zur Hauptsaison im Juli und August gestört – vorher und nachher kann sie jeder genießen, der mit einfachen Ferienapartments oder einem

Umrahmt von Olivenhainen erhebt sich bei Charaki der Festungshügel Faraklos

Mit herrlichem Blick auf die Bucht von Charaki und das einstige Fischerdorf wandert man vom Festungshügel Faraklos hinab, erfrischendem Strandvergnügen entgegen

kleinen Hotel zufrieden ist. Charakis Häuserreihe umringt das Hafenbecken und den Kiesstrand. Restaurants und eine kleine Promenade signalisieren den Einzug des Tourismus, aber gleich hinter den wenigen Gebäuden erstrecken sich die Felder und Orangengärten der Bauern.

Die Kulisse bildet der recht imposante, schon seit der Antike besiedelte und befestigte **Faraklos-Hügel**. Auf dem Gipfelplateau fanden Archäologen die spärlichen Reste der antiken *Akropolis von Loryma* aus dem 3./2. Jh. v. Chr. Ihr Name deutet auf enge Beziehungen zur Südküste des heutigen Anatolien hin, an der ein gleichnamiger Hafenort existierte. Von den Byzantinern wurde die hiesige Hügelkuppe später mit einer *Festung* überbaut, die 1306 von den Johannitern erobert und unter dem Eindruck der wachsenden osmanischen Bedrohung 1470 noch erweitert wurde. Die Gebäude sind nun zerstört, aber der Mauerring ist noch bis in stattliche Höhe erhalten. An der Ostseite, also landeinwärts, zeigt er das Wappen des Großmeisters Giovanni Battista degli Orsini. Der *Pfad* hinauf zur Burgruine ist zwar schattenlos, in der Kühle des frühen Morgens oder gegen Abend aber nicht allzu anstrengend.

Zu erholsamen Tagen am Meer verlockt die von der Höhe aus gut überschaubare **Malona Bay** mit feinem, zu Dünen aufgewehtem Sand, kleiner Strand-Cantina und Sonnenschirmverleih – sowie einem Schönheitsfehler am Rande: der Bauruine eines Hotelprojekts.

Bevor man sich jedoch ganz den Badefreuden hingibt, lohnt am gegenüber liegenden, nördlichen Felsrand der schattenarmen Bucht das in seinem grünen Hain von ferne kaum sichtbare Kirchlein **Agia Agathi** einen Besuch. Heute ist die etwa 3×6 m kleine Einraumkirche, die vermutlich im 12. oder 13. Jh. aus dem Fels geschlagen wurde, mit einer Metalltür versehen (Schlüssel in der Strand-Cantina erfragen). Der fensterlose Andachtsraum mit flacher Wölbung und zwei Apsiden zeigt teils noch die *Ausmalung* (12./13. und 15./16 Jh.): eine verblasste Darstellung des Christus Pantokrator, ein Ornament aus rotem und schwarzem Blattwerk sowie Heiligenbilder, die der stilisierenden byzantinischen Formensprache verpflichtet sind. Weil sie zu den ältesten der Insel zählen, sind vor allem die Fresken der Kirchenväter kostbare Bilddokumente. Ein lauschiges Plätzchen bietet sich draußen unter den Bäumen, wo man

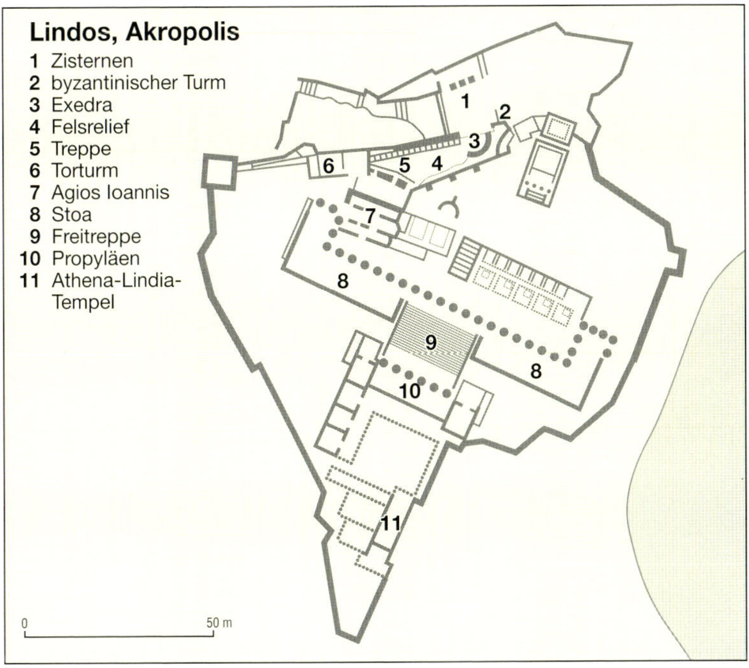

Tempelsäulen und Steilfelsen

TOP TIPP Gleich hinter dem Eingang zur **Akropolis** 2 (Mo 12.30–18.40, Di–So 8–18.40 (kurzfristige Änderungen mgl.), im Winter Di–So 8.30–15 Uhr) sind drei **Zisternen** [1], Reste eines **Byzantinischen Turms** [2] und eine aus dem Felsen herausgemeißelte **Exedra** [3], ein halbrunder Raum mit Sitzen, zu sehen. Eine Inschrift lobt einen Priester namens Aglochartos, weil er auf der Akropolis einen Ölbaumhain pflanzte. Das geschah vermutlich im 4. Jh. n. Chr., vielleicht zur Erneuerung eines zur Zeit des erstarkenden Christentums vernachlässigten heiligen Hains.

Bereits im 2. Jh. v. Chr. entstand das spektakulärste antike Zeugnis an dieser Stelle: ein großes in die Steilwand gearbeitetes **Felsrelief** [4], das zu Ehren des Admirals Hagesandros ein lindisches Kriegsschiff mit schön geschwungenem Hecksteven darstellt.

Steil steigt die **Treppe** [5] zum **Torturm** [6] der Johanniterfestung an, vorbei an Resten älterer Treppenbauten. Durch düstere Gewölbe erreicht man das immer noch weiter ansteigende, von den hohen Mauern der Burg eingegrenzte Gipfelplateau. Bautrümmer liegen über den schrundigen Fels verstreut. Hält man sich

Stufen, die keiner versäumen will: eine steile Treppe führt hinauf zum Torturm der Johanniter und ins Herz der Akropolis von Lindos

Überwältigende Inszenierung: von den Tempelsäulen auf der Akropolis von Lindos genießt man einen unvergesslichen Ausblick auf die Ostküste von Rhodos

links auf dem Zugang unterhalb der byzantinischen Kreuzkuppelkirche **Agios Ioannis** [7] aus dem 13. Jh., tritt man direkt auf die monumentale, auf den Tempel der Athena Lindia ausgerichtete **Stoa** [8]. Über 80 m lang ist diese Terrassenanlage aus dem späten 3. und dem 2. Jh. v. Chr., deren Säulen größtenteils Anfang des 20. Jh. von italienischen Archäologen wieder aufgerichtet wurden. Zu ihr gehören auch die drei Säulen mit dem steinernen Eckgebälk, die mittlerweile zu einem Lieblingsmotiv der Fotografen avanciert sind.

Kaufrausch und Touristentrubel: in den Hauptgassen von Lindos geht es eng zu

Noch älter ist die 21 m breite **Freitreppe** [9], die zu den nur noch in Resten erhaltenen **Propyläen** [10], den Torbauten des frühen 3. Jh. v. Chr. führte und weiter durch Säulenhallen, von denen nur noch Grundmauern blieben, auf den **Athena-Lindia-Tempel** [11] des 4. Jh. v. Chr. zu. Der Bau misst 8×24m und vor den Schmalseiten der teilweise eingestürzten Cella, dem Kultraum, erheben sich je vier dorische Säulen. Faszination gewinnt die Tempelruine auch durch ihren Standort über dem Steilabbruch der Küste mit der direkt unter ihr liegenden archaischen *Kulthöhle* und durch den grandiosen *Ausblick* über die gesamte Akropolis sowie auf die Agios Pavlos Bay in der Tiefe.

Kirchen und Kapitänshäuser

Auf einem recht steilen Pfad, an dessen Seiten die Frauen von Lindos mit ihren über die Felsen ausgebreiteten Weißstickereien auf Käufer warten, gelangt man zurück in den trubeligen Kern des Dorfes. Dort streift man inmitten einer drängenden Menschenmenge durch die **Gassen** wie in einem labyrinthischen

Feines Kunsthandwerk: am Wegrand von der Akropolis in die Gassen von Lindos darf jeder die Weißstickereien der einheimischen Frauen bestaunen und kaufen

Basar, mit zahllosen Laden und Lädchen. Doch braucht man nur in eine Seitengasse abzubiegen, um sogleich die Souvenirorgie hinter sich zu lassen. Weiße Häuser und die aus Sandstein gebauten hübschen Kapitänsvillen, Mauern, hinter denen sich idyllische Innenhöfe verbergen, steinerne Bögen, die schmale Durchgänge überspannen, gepflegte Gärten und das schwarz-weiß gemusterte Chochlaki-Pflaster erwecken den Eindruck, als sei die Zeit stehen geblieben oder in einem gigantischen Freiluftmuseum eingefroren.

TOP TIPP Minuten ungestörter Stille kann man selbst in der **Panagia-Kirche** 3 mit ihrem markanten fünfgeschossigen Glockenturm aus dem 19. Jh. erleben – früh am Morgen oder zur Mittagsstunde, wenn die meisten Touristen die Restaurants bevölkern. Im *Inneren* der ursprünglich aus dem 14. Jh. stammenden Kirche sind sehr gut erhaltene *Fresken* des 18. Jh. zu bewundern, mit denen

Wie die Kapitäne wohnten

Markante Blickpunkte in den Gassen von Lindos sind die prachtvollen **Kapitänshäuser**. Sie wurden im 17.–19. Jh. während der türkischen Herrschaft von griechischen Kaufleuten errichtet, die durch den **Seehandel** mit Venedig und den Hafenstädten des Osmanischen Reichs zu Wohlstand gekommen waren.

Charakteristisch für diese kleinen Paläste ist die mit feinen **Reliefs** geschmückte graue Natursteinfassade. In den Stein gemeißelte Ornamentbänder mit kunstvoll ausgebildeten Kreuzen, Tierfiguren und Blütenranken rahmen Türen und Fenster. Fast immer gibt es einen **Gartenhof** zwischen Portal und Haus, oft mit Chochlaki-Mosaik ausgelegt. Von der Eingangstür tritt man unmittelbar in den repräsentativen **Hauptraum**, der mit Holzdecke oder zumindest Deckenbalken und – wegen der sommerlichen Hitze – nur mit kleinen Fenstern ausgestattet ist.

Heute sind einige Kapitänshäuser als **Restaurants** und **Bars** eingerichtet und ermöglichen so auch einen Blick hinter ihre schmucken Fassaden. Mit viel Glück und bei entsprechend frühzeitiger Anmeldung lassen sich manche Bauten auch für einen **Ferienaufenthalt** mieten (Auskünfte bei der GZF, s. S. 125). Als dauerhaftes Quartier sind viele Kapitänshäuser jedoch längst in festen Händen.

Reiche Fresken und eine kostbare Ikonostase schmücken die Panagia-Kirche

die Wände bis ins Tonnengewölbe hinauf bedeckt sind. Aus der Kuppel blickt der Pantokrator, darunter schildern ausdrucksstarke Szenen des Alten und Neuen Testaments die christliche Heilsgeschichte vom Paradies bis zum Jüngsten Gericht. An der reich vergoldeten *Ikonostase* ist eine ›Wurzel Jesse‹ als Stamm- und Lebensbaum dargestellt, Heilige und Maria mit dem Kind erkennt man im Geäst. In prächtigen Gewändern byzantinischer Tradition erscheinen die drei Erzengel rechts am Lesepult.

Besuchenswert ist auch das kleine **Kirchenmuseum** (tgl. 8–17 Uhr) mit einer Sammlung zur Geschichte von Lindos. Dort sieht man Bibeln, Monstranzen und Ikonen des 17.–19. Jh. und erfährt z. B., aus wie vielen Dörfern im Umkreis die Einwohner bei Gefahr hinter die schützenden Mauern der Johanniterburg auf der Akropolis zusammenströmten.

Folgt man von der Panagia-Kirche der Gasse Richtung Pallas Bay, trifft man links direkt am Wegrand auf die kleine weiße Kirche **Agios Georgios Chostos** 4, die älteste von Lindos (Schlüssel im Haus gegenüber der *Rainbird Bar*, wenige Schritte unterhalb der Kirche). Der von einer flachen Kuppel mit hohem Tambour bekrönte *Bau* zeigt nur innen die typischen Kreuzarme als Nischen und statt einer Ikonostase eine *Schranke* aus Marmorplatten. Interessant sind im rechten Bogenfeld geringe Reste ornamentaler *Malereien* aus dem 8./9. Jh., einer Zeit der Bilderstürmer, die Gottes- und Heiligen-Ikonen nicht dulden wollten. Am besten erhalten ist eine große, auf Metall gemalte Darstellung des Kirchenpatrons, des hl. Georg zu Pferd, aus neuerer Zeit.

In prachtvoller Lage zu Füßen des Akropolisfelsens breiten sich die halbrunden Sitzreihen des antiken Theaters, das einst 1800 Zuschauern Platz bot

Die kleinen Felsplateaus rund um die türkis-blaue Pallas Bay laden zu erfrischendem Badespaß ein und verlocken zu tollkühnen Sprüngen ins herrlich kühle Nass

Verlockend ist von hier oben der Anblick der türkisblauen halbrunden **Pallas Bay** 5, deren breiter *Sandstrand* meist gut besucht ist. Nebenan entlang der Küste nutzen junge Leute gerne die kleinen natürlichen Felsplateaus als Badeplätze. Cafés und Restaurants rund um die Bucht bieten Erfrischungen und passable griechische Gerichte an.

Wer lieber in den schattigen kühlen Gassen von Lindos eine Rast einlegt, hat bei der gebotenen Fülle an Kafenia und Bars keine leichte Wahl. Ein besonderes Erlebnis ist der Besuch von **Captain's House Bar** 6, einem als Restaurant eingerichteten Kapitänshaus, in dem man Kaffee, Cocktails und Crêpes in einem schönen Gartenhof serviert.

Zu antiken Gräbern und schönen Stränden

Auf der steinigen Anhöhe südwestlich der Pallas Bay schmiegt sich das **Felskammergrab des Archokrates** 7 in den Steilhang. Von der Platia Elefterias steigt man südwärts zu der in hellenistischer Zeit um 200 v. Chr. entstandenen Grabhöhle hinauf, die der Athena-Priester Archokrates für seine Familie mit einer zweigeschossigen *Fassade* ausstatten ließ. Auf der Terrasse vor dem Obergeschoss findet man *Rundaltäre* mit Girlandenornamentik und prächtig gehörnten Stierkopf-Reliefs. Von hier bietet sich einer der schönsten *Ausblicke* auf Lindos und die über dem Ort mit seinen weißen Häusern thronende Akropolis.

Länger, etwa 45 Min., dauert die schattenlose Wanderung zum **Grab des Kleoboulos** 8 auf der Landzunge nördlich der Pallas Bay. Fast schon an ihrer Spitze blieb ein antiker *Rundbau* von rund 9 m Durchmesser mit dem Eingang zu der Grabkammer erhalten, vermutlich aus hellenistischer Zeit; das Dach ist eingestürzt. Später wurde er als christliche Kirche genutzt. Im Frühjahr blühen an dem einsamen Platz, der ebenfalls einen herrlichen *Blick* auf Lindos und die Akropolis bietet, Knabenkraut-Orchideen.

Südlich unterhalb der Akropolis, im Ortsbereich von Lindos, findet man die Reste des **antiken Theaters** 9, das wahrscheinlich im 4. Jh. v. Chr. mit seinen Sitzreihen aus dem Felsen gemeißelt wurde. Seine ursprünglich 1800 Plätze lassen auf eine im Vergleich zu heute rund doppelt so große Einwohnerzahl von Lindos schließen. Bemerkenswert sind die Grundmauerreste einer großen frühchristlichen Kirche in unmittelbarer Nachbarschaft.

TOP TIPP Vom antiken Theater aus ist es nicht mehr weit zur schönen **Agios Pavlos Bay** 10. Eine kleine Kapelle erinnert dort an den legendären Besuch des hl. Paulus. Schwimmer freuen sich an dem natürlichen Felstor, durch das sie aus der fast kreisrunden Bucht ins offene Meer und zu den Grotten der Steilwände gelangen können.

Unterkunft der Luxusklasse: Atrium Palace Resort Hotel in Kalathos mit Rosengarten

Ist Lindos vor allem ein Platz zum Schauen, Baden und Einkaufen, so bietet das knapp 4 km südlich hinter dem nächsten Hügel gelegene Dorf **Pefki** (auch: Pefka) zwar keine Sehenswürdigkeiten, aber viele *Unterkünfte*, dazu auch einen schmalen langen *Sandstrand* und mehrere Badebuchten.

Das Dorf **Kalathos** 4 km nördlich von Lindos, oberhalb der weit geschwungenen, flachen *Vlicha-Bucht*, wartet ebenfalls mit etlichen Hotels und Apartmenthäusern auf. Für Gäste, die besonderen Komfort suchen, gibt es seit einigen Jahren zudem das luxuriöse *Atrium Palace Resort Hotel* direkt am Strand.

i Praktische Hinweise

Information: Neben dem Zeitungskiosk an der Platia Elefterias, Lindos, Tel. 22 44 03 19 00, Vermittlung von Privatzimmern und Studios (Winter geschl.).

Hotels

TOP TIPP *******Atrium Palace Resort Hotel**, Kalathos, Tel. 22 44 03 16 01, Fax 22 44 03 16 00. www.atrium.gr. Luxus im pastellfarbigen Gartenambiente vor breitem Strand: kleine Wasserfälle im Innenhof, fantasievolle Poolgestaltung mit Brücken, Bars und Palmen, dazu Tennisplatz, Volleyballfeld, Fitness-Anlage, beheiztes Schwimmbad, Sauna und 250 Zimmer mit allem Komfort. Vielerlei Animationsdarbietungen sowie Candlelight-Dinner an jedem Sonntag.

TOP TIPP ******Lindos Mare**, Vlicha-Lindos, Tel. 22 44 03 11 30, Fax 22 44 03 11 31, www.lindosmare.gr. Elegante Architektur am Hang über dem Strand der Vlicha-Bucht mit schönster Aussicht. Zur Anlage mit Restaurant und Bars gehören auch Pool und Kinderspielplatz. Alle Zimmer sind mit Klimaanlage und Kühlschrank ausgestattet.

******Lindos Village** (dem Lindos Royal zugehörig), Vlicha-Lindos, Tel. 22 44 03 20 00, Fax 22 44 03 20 07. Im griechischen Inselstil am Hang mit imposantem Ausblick über der Vlicha-Bucht erbaut, bietet das überschaubar gegliederte und begrünte Hoteldorf neben Restaurant, Bars, Diskothek, Pool und Tennisplatz einen Miniclub sowie Animationsprogramm. Alle 186 Zimmer haben Klimaanlage.

*****Ilyssion**, Pefki, Tel. 22 44 04 81 49, Fax 22 44 04 81 48. Familienhotel direkt am felsigen, teils sandigen Strand, mit

Bucht mit Geschichte: an der Agios Pavlos Bay soll der Apostel Paulus gelandet sein ▷

Liegestühlen unter Tamarisken und Seekiefern, Pool, Tennisplatz und Garten. Zimmer mit Klimaanlage, auch kleine Apartments und Suiten, meist mit Meerblick.

***Lindos Sun Hotel**, Lindos-Rodi, Tel. 22 44 03 14 58, Fax 22 44 04 82 71, www.hotellindossun.com. An der Straße nach Pefki in bizarrer Felslandschaft mit grünem Garten, Pool, Tennisplatz und Klimaanlage.

***Pension Lindos**, Lindos, Nr. 70, Tel. 22 44 03 13 69 (nicht immer erreichbar). Nahe der Pallas Bay bietet die Pension authentischen Dorfurlaub. Mit dem Nötigsten ausgestattete Zimmer, eigene Dusche und WC in Extraraum. Hübscher Hof mit Chochlaki-Pflaster und sehr kleine Dachterrasse mit Meerblick.

Restaurants

Panorama Restaurant und Bar, 2 km außerhalb von Lindos in Richtung Rhodos-Stadt, Tel. 22 44 03 10 44. Hervorragender Ausblick, gut gewürzte griechische Speisen. Nebenan Pizzeria-Pavillon mit Garten.

Stefany's Restaurant und Bar, Lindos (im Ortszentrum), Tel. 22 44 03 16 56. Traditionsadresse mit einer der schönen Lindos-Dachterrassen.

Mondscheinserenade: die Restaurants von Lindos locken mit schönen Dachterrassen

Tsambikos, Pefki, über dem Ortszentrum, nahe der Küstenstraße, Tel. 22 44 04 82 40. Auf der großen Terrasse genießt man überdurchschnittlich gute griechische und internationale Küche und eine größere Weinauswahl.

17 Lardos und Iera Moni Ipseni

Ruhig und unverfälscht griechisch: Abstecher ins Hinterland.

Nur knapp 3 km Entfernung bewirken bereits einen spürbaren Unterschied zur touristischen Betriebsamkeit an der Küste. Das große Dorf **Lardos**, dank einer Umgehungsstraße nicht verkehrshektisch, zeigt sich angenehm grün, bietet eine reiche Auswahl an *Tavernen* rund um die Platia sowie *Apartments* mit Kitchenette und *Minibus-Service* zu den nächsten Stränden. Alles ist geruhsamer, Vieles auch ein wenig preisgünstiger als in den Orten am Meer. Typisch für die Gegend ist ein dunkler, grauer bis schwarzer *Granit*, der darum auch Lardos-Stein genannt wird.

Eine reizvolle **Wanderung** führt auf ausgeschildertem Weg in die waldreiche Umgebung nordwestwärts zum Kloster *Iera Moni Ipseni* (hin und zurück ca. 7 km). Wer sich mehr zumuten mag, kann von dort weiter zum Kloster *Moni Thari* [Nr. 18] und anschließend zum Dorf *Laerma* mit Busverbindung Richtung Lindos/Rhodos-Stadt gehen – eine insgesamt 4- bis 5-stündige Tour.

Das Kloster im Walde, **Iera Moni Ipseni**, mit seinem weißen Glockenturm wird von etwa einem Dutzend Nonnen bewohnt, die ihre Besucher freundlich begrüßen. Es wurde erst 1855 eingerichtet und ist keine herausragende Sehenswürdigkeit, aber ein Ort der Ruhe und Beschaulichkeit. Eine als wundertätig verehrte *Marienikone* zieht an manchen Tagen viele Pilger an, weshalb genügend Parkplätze angelegt wurden.

i Praktische Hinweise

Information: Lardos Zorbas Service, Tourist & Travel Agency, Lardos, Tel. 22 44 04 42 18, Fax 22 44 04 41 74.

Vermittlung vom Studio bis zum Leihwagen!

Hotel

***St. George Club Hotel**, Lardos, Tel. 22 44 04 42 03, Fax 22 44 04 42 49. Weiträumige Anlage außerhalb des Dorfes mit einem mehrstöckigen Hotel zwischen Straße und Meer sowie Bungalows in einem Landschaftsgarten oberhalb der Straße mit Pools (auch für Kinder und Kleinkinder), Wassersport-Center und Bars. Zimmer, Apartments und Suiten, teils mit Kitchenette.

18 Moni Thari

TOP TIPP *Ein Bilderschatz in Waldeinsamkeit – und ein aktives Klosterleben.*

Zwar zählen die teilweise brandgeschädigten Waldhügel westlich von Lindos zu den einsamsten Landschaften der Insel, aber die Verbindung von der Küstenstraße zum Dorf Laerma sowie die ausgeschilderte Straße von dort zum Kloster Moni Thari ist gut in Stand gehalten und ohne Schwierigkeit mit jedem Pkw zu befahren. Denn der dem Erzengel Michael geweihte kleine *Konvent* schlummert seit einigen Jahren nicht mehr aufgegeben und verlassen dahin, sondern wird wieder von einer Klostergemeinschaft bewohnt und, mehr als das, zieht zunehmend junge Menschen auch aus anderen Ländern an – inspiriert von den religiösen Aktivitäten des Klosters, dessen Gottesdienste sogar über Fernsehen und Radio übertragen werden. Besucher werden freundlich durch die Kirche und die Gärten mit ihren ehrwürdigen alten Ölbäumen geführt.

Die **Kirche** unter hoher Ziegelkuppel ist aus unverputzten Natursteinen errichtet und im Kern wohl mindestens 1000 Jahre alt. Die Seitenarme unter der Kuppel mit der Darstellung Christi als thronendem Weltenherrscher und den vier Evangelisten in den Wölbungszwickeln sind sehr kurz. Der längere, tonnengewölbte Westarm stammt vermutlich aus dem 14. Jh. Die malerische Ausgestaltung ist überaus reich, ihre Entstehung geht teils noch ins 13. oder 14. Jh. zurück.

Schöne, gut erhaltene **Fresken** der Heilsgeschichte zeigen u. a. den *Sturm auf dem See Genezareth* als Synchron-Doppelszene mit zweimaliger Darstellung Christi im selben Gemälde, einmal schlafend zurückgebeugt, dann wach am Mast. Die *Heilung des Kranken am Teich Bethesda* (›Steh auf, hebe dein Bett auf und geh umher!‹) ist naturalistisch geschildert und präsentiert den Geheilten mit dem Bettzeug über der Schulter. Deutlich heben sich von diesen frühen Darstellungen drei **Ikonen** an der Ikonostase (17. Jh.) durch ihren individualisierenden Stil nach dem Vorbild westlicher Malerei ab.

Eindrucksvolles Szenario: ›Sturm auf dem See Genezareth‹ im Kloster Moni Thari,...

Ein Rätsel geben noch die **arabischen Schriftzeichen** an den Pfeilern auf, die lange als formales Schmuckelement missverstanden wurden. Doch sind islamische Segenssprüche und Koranstellen zu entziffern, die in ihrer Aussage christlichen Glaubenssätzen ähneln. Dergleichen ist in einer Klosterkirche äußerst selten. Eine alte Überlieferung berichtet von einer persischen Prinzessin namens Thari (›fasse Mut!‹), die auf Rhodos zum christlichen Glauben konvertierte.

... das nicht nur mit kostbaren Fresken aufwartet, sondern auch durch seine herrliche Lage zwischen alten Olivenbäumen in einsamer Waldlandschaft begeistert

Der Süden – altertümliche Kirchen und hübsche Dörfer in einsamer, wilder Berglandschaft

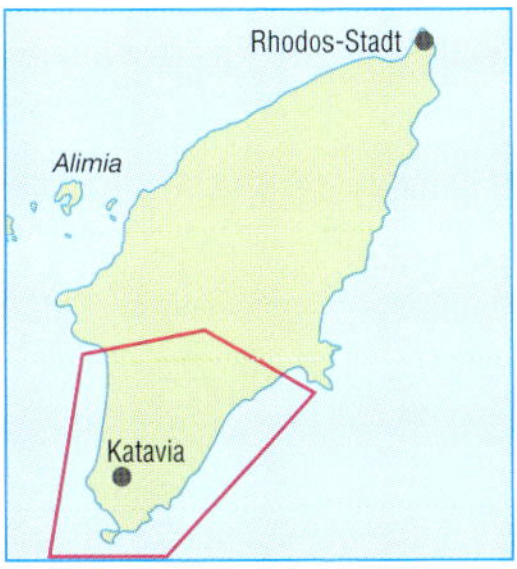

Den schmalen südlichen Inselteil prägt eine überwiegend gebirgige Landschaft mit vielen kleinen Siedlungen. Die Höhen sind teils mit Pinien, teils mit Buschwald und Phrygana überwachsen, zur Südspitze hin erstreckt sich gewelltes, im Frühling grasgrünes Land bis zu den *Sandstränden* am Kap. Die Region ist bislang nur im geringen Umfang touristisch erschlossen. Große Hotels findet man lediglich an einem einzigen der langen Strände, bei **Kiotari**. Einige bescheidene Quartiere und Ferienapartments sind in anderen Dörfern wie **Katavia** und **Apolakkia** erst in den letzten Jahren entstanden. Gleichwohl führen durch diese bäuerlich geprägte Landschaft der kleinen Felder und Schafherden, der einsamen *Bergdörfer*, *Johanniterburgen* und teils kostbar ausgestatteten *Klöster* gute Straßen bis zur Südspitze von Rhodos. Dieses raue Kap ist wegen der kräftigen Winde, die im Kanal zwischen Rhodos und der Nachbarinsel **Prassonisi** wehen, ein Ziel der Surfer.

19 Asklipio

Eine der schönsten ausgemalten Kirchen von Rhodos und die Ruine einer Johanniterburg locken ins Bergland.

Ob von der Küste bei Kiotari über die gut ausgebaute Straße oder, im Anschluss an einen Besuch im Kloster Moni Thari [Nr.18], über eine Erdpiste durch die abgeschiedene Wald- und Hügellandschaft – das über einem Talgrund am Hang gelegene Dorf Asklipio (oder Asklipion) ist leicht zu erreichen.

Vom Hauptplatz im Zentrum des Ortes, an dem mehrere *Tavernen* einfache Mahlzeiten anbieten, sind es nur wenige Schritte zur Kirche **Kimisis tis Thetokou** (Mariä Entschlafung, tgl. 9–18 Uhr). Ganz aus Natursteinen gemauert, eher niedrig und nicht als aufstrebende Halle entworfen, wirkt sie wie ein urtümlicher Schrein – mit einer auf Rhodos einzigartigen *Architektur*: Über den drei Schiffen mit ihren Tonnen- und Kreuzrippengewölben zeigt die Dachlandschaft in kunstvoll gemauerten Überschneidungen nicht weniger als zehn halbrunde Giebel und eine Kuppel – von dem frei stehenden kleinen Glockenturm gut zu überschauen.

TOP TIPP

Dieser merkwürdige Bau entstand in mehreren Phasen – dem mittelalterlichen Gotteshaus des 13./14. Jh. mit ursprünglich kreuzförmigem Grundriss wurden im 17./18. Jh. die Seitenschiffe angefügt. Auf diese Zeit gehen auch die kostbaren, im 20. Jh. restaurierten **Fresken** zurück. Unter ihnen ist vor allem die wandhohe Darstellung der *Apokalypse* hervorzuheben, die in griechisch-orthodoxen Kirchen nur selten zu finden ist. Die vier apokalyptischen Reiter – Hunger,

◁ *Rau und ursprünglich zeigt sich der Süden: Landschaft bei Moni Skiadi (oben), Gasse in Messanagros (unten)*

Architektur der Bögen und Schwünge: die Kirche Kimisis tis Theotokou in Asklipio

Paradiesische Verführung: die Fresken der Kirche Kimisis tis Theotokou in Asklipio schildern anschaulich den Sündenfall von Adam und Eva im Garten Eden

Pest, Krieg und Tod – kommen aus dem Dunkel, der Windgott Boreas bläst ihnen entgegen, und die Engel trompeten laut. Loderndes Feuer, Überschwemmungen und vielköpfige Fabelwesen künden den Weltuntergang an, die weiß gekleideten Frommen aber mit ihren Palmenzweigen bleiben ganz ungerührt. Die (unbekannten) Schöpfer dieser prachtvollen Fresken schmückten die Kirchenräume darüber hinaus mit der ganzen Fülle des *byzantinischen Bildprogramms* aus: Wundertaten und Leiden Christi, Heilige und himmlische Heerscharen, das Jüngsten Gericht und Paradiesszenen. Auf Beziehungen zur Insel Zypern deutet das Bild des auf einem Löwen reitenden *hl. Mamas* hin (im Kreuzarm links von der Apsis, dort im westlichen Gewölbe). Dieser auf Zypern hoch verehrte Heilige lebte als Einsiedler und entzog sich so seiner Verpfichtung als Steuerzahler. Da der Gou-

Bäuerlicher Alltag auf Rhodos: das kleine Museum neben der Kirche Kimisis tis Theotokou zeigt eine interessante Sammlung volkskundlicher Zeugnisse von anno dazumal

Imposante Ruine: weithin sichtbar erheben sich die stattlichen Mauerreste der mittelalterlichen Johanniterburg von Asklipio auf einem Felsen hoch über dem Dorf

verneur das nicht dulden wollte, ließ er den Eremiten rufen. Unterwegs traf Mamas einen wilden Löwen, zähmte ihn und ließ sich von ihm zur Gouverneursresidenz tragen. Dort war sein drastischer Auftritt von so durchschlagendem Erfolg, dass Mamas von jeder Steuerzahlung entbunden wurde.

Neben der Kirche zeigt ein kleines **Museum** (tgl. 9–18 Uhr) in einer Ausstellung zu *sakraler Kunst* goldenes und silbernes Ritualgerät, Priesterornate und Drucke, in einer zweiten *volkskundliche Zeugnisse* wie hölzerne Pflugscharen mit eiserner Spitze oder eine Olivenpresse mit zwei mächtigen Mahlsteinen.

Zu der schon vom Kirchplatz her sichtbaren Ruine der wohl aus dem 15. Jh. stammenden **Johanniterburg** über dem Dorf kann man hinauffahren und in die noch erhaltene Ummauerung eintreten. Von hier oben eröffnet sich ein großartiger *Blick* auf das breite, einsame Tal mit dem im Sommer ausgetrockneten Flussbett und zum Meer!

20 Kiotari und Gennadi

Lange, schöne Kieselstrände, pompöse Hotels und dörfliche Stille.

Strandeinsamkeit und touristische Betriebsamkeit liegen an der Küste zwischen Kiotari und Gennadi nah beieinander. Während sich in dem Weiler **Kiotari** die Ferienanlagen schon drängen und mit den besten Komfort- oder Animationsangeboten konkurrieren, wird es bereits ein kurzes Stück weiter südlich ländlich still, auch an den streckenweise von Tamarisken gesäumten Stränden, wo um die Sonnenschirme noch viel freier Platz zu finden ist. Als einzige Sehenswürdigkeit von Kiotari gilt die von Klosterzellen umrahmte mittelalterliche Einraumkirche **Moni tis Metamorphosis** oberhalb der Küste. Unter ihrem Tonnengewölbe sind Halbsäulen mit korinthischen und ionischen Kapitellen zu entdecken, die von antiken Tempeln stammen und in diesem Gebäude neue Verwendung fanden. Zur Innenausstattung gehört eine Marienikone mit dem Jesuskind und einem massiven silbernen Heiligenschein.

In **Gennadi** hat der Tourismus nur in Maßen Einzug gehalten, sodass die ländliche Atmosphäre noch weitgehend bewahrt wurde. Hier wohnt man meist in Ferienapartments mit kleiner Küche und versorgt sich selbst oder probiert die Gerichte der Strandrestaurants aus. Die schönen, manchmal menschenleeren *Strände* entlang der nur mäßig befahrenen Küstenstraße zur Südspitze von Rhodos sind ideal für Naturfreunde und entschädigen für den bescheidenen Komfort oder gar das fehlende Nachtleben.

Da bleiben kaum Urlaubswünsche offen: in dem schön gelegenen Rhodos Princess Beach Hotel in Kiotari werden Komfort und Ferienspaß groß geschrieben

Praktische Hinweise

Hotel

**** **Rhodos Princess Beach Hotel**, Kiotari, Tel. 22 44 04 71 02, Fax 22 44 04 72 67. Voll klimatisiertes 356-Betten-Hotel in großzügiger Architektur auf einer Anhöhe über dem Strand, mit mehreren Restaurants und Bars, Tennisplatz, Pool, Hallenbad und Wassersportzentrum. Zimmer (mit Kühlschrank) und Familienzimmer. Animation mit Sportangeboten, Tanz und Folklore.

Restaurant

Antonis, Gennadi, Tel. 22 44 04 33 00. Gepflegte Strandtaverne mit Terrasse und Ausblick bis Lindos. Neben Fischspezialitäten schmecken auch die griechischen Fleisch- und Gemüsegerichte ausgezeichnet.

21 Plimiri

Mit dem Meer und wenigen Menschen allein in einem kleinen Hafenort mit Geschichte.

Durch Felder- und Weideland fährt man auf die langen flachen Strände von Plimiri zu, wenn man bei Chochlakas den Hinweisschildern zu dem kleinen Dorf mit seiner winzigen Hafenmole folgt. Olivenbäume und Schilfdickichte, Getreidefelder und Grasflächen rahmen die Küste, die Berge im Hintergrund steigen nur

Einsamer Landstrich: Getreidefelder und Weideland prägen den Inselsüden bei Plimiri

mäßig an. Wer die Ruhe und Abgeschiedenheit von Plimiri und die wenig besuchten *Strände* gerne länger genießen möchte, findet im Dorf mit etwas Glück ein einfaches Privatquartier, Hotels gibt es keine.

Einer Überlieferung zufolge existierte hier in der Antike die Stadt *Ixion* – deren Namen auch jener mythische König aus Thessalien trug, der zunächst von Zeus begünstigt wurde, sich dann aber dreist rühmte, dessen Gattin Hera verführt zu haben. Zur Strafe für seine Anmaßung, er hatte tatsächlich nur ein von Zeus geschaffenes Wolkentrugbild der Hera umarmt, wurde er auf ein feuriges Rad geflochten, auf dem er ewig durch die Lüfte wirbelt.

Greifbares Zeugnis dafür, dass Plimiri auf eine lange Geschichte zurückblickt, liefern antike und frühchristliche Marmorspolien, die im Mauerwerk der ehrwürdigen Kirche **Zoodhochos Pigi** (›lebensspendender Quell‹, ein Beiname der Gottesmutter) zu entdecken sind. Überraschend ist allerdings ihr Standort im Hof einer Taverne. Mit ihrer doppelten Vorhalle und den drei Schiffen ist das Gotteshaus eine stattliche *Basilika*, die auf einen in den Araberstürmen zerstörten Vorgängerbau des 5./6. Jh. zurückgeht. Die beim Wiederaufbau der Kirche erneut verwendeten korinthischen Kapitelle (vier in der Vorhalle, zwei in der Kirche) zeugen von der einstigen Pracht,

Begegnung mit alten Traditionen: Bäuerin auf ihrem Maultier bei Plimiri

auch Marmorplatten mit Kreuzzeichen und Reste eines Mosaikbodens (außerhalb des Gebäudes) sind erhalten. Das kleine *Kloster*, von dem noch einige Nebengebäude stehen, wurde erst im 19. Jh. gegründet.

Praktische Hinweise

Restaurant

Plimiri Beach, direkt über dem Strand von Plimiri, dort wo die Straße endet, Tel. 22 44 04 60 05. Der Koch der gemütlichen Strandtaverne bereitet frisch gefangenen Fisch und Kalamari köstlich zu.

22 Lahania

Ein Dorf gewinnt wieder Leben – durch neue Einwohner aus kühleren Ländern.

Bis vor wenigen Jahren bedrohte die Abwanderung der ansässigen Bevölkerung das Dorf Lahania, welches in den Hügeln ein wenig abseits der Straße von Chochlakas nach Messanagros liegt. Mittlerweile hat sich das Blatt gewendet, denn ausländische Rhodos-Liebhaber, nicht zuletzt junge Deutsche, nahmen die Chance wahr, zu mediterranem Hauseigentum zu kommen und richteten sich die betagten Wohnungen ohne allzu große Kosten wieder her.

Jetzt genießen sie die Ruhe, die Natur und das Meer, das nur etwa 3 km entfernt ist. Vor allem in den Sommermonaten zieht die Anwesenheit der neuen ›Stammgäste‹ auch wieder jüngere Griechen in den Ort. Das Dorfleben blüht wieder rund um die weißen Häuser, und beim Platanos-Wirt an der **Platia** lässt man es sich wohl sein.

Auf der anderen Seite des von Bäumen bestandenen kleinen Platzes, an dem das Quellwasser in Brunnen und Röhren je nach Jahreszeit plätschert, rauscht oder sprudelt, liegt die Kirche **Agia Irina**. Wie in Plimiri wurde auch hier beim Neubau 1760 Material einer frühchristlichen Vorgängerkirche wieder verwendet. Wohl schon aus dem 6. Jh. stammt das schöne *Taufbecken* an der südlichen Außenwand der Agia Irina: In das Marmorrund wurden in der Form eines Kreuzes vier Halbkreise eingemeißelt. Im *Kircheninneren* ist unter dem blauen Sternenhimmel des Gewölbes eine schöne holzgeschnitzte Ikonostase zu bewundern. Fantasievoll ist sie mit Blüten, menschlichen Gesichtern und Adlern geschmückt.

Praktische Hinweise

Restaurant

Platanos, Platia (bei der Kirche Agia Irina), Lahania, Tel. 22 44 04 60 27. Einfache Ausstattung, familiäre Atmosphäre und dazu griechische Spezialitäten.

23 Katavia

Klosterruinen in weiter Landschaft nahe der Inselspitze.

Die Küstenstraße wendet sich südlich von Lahania scharf nach Westen und schneidet so den äußersten Inselsüden vom Hauptverkehr ab.

Getreidefelder und lang gestreckte karge Hügel prägen diese Landschaft, in deren Abgeschiedenheit unweit Katavia die von wucherndem Grün überwachsenen Ruinen des einstigen Klosters *Agios Pavlos* hinter hohem Stacheldrahtzaun liegen. Die Bauten des 20. Jh. mit ihrem noch aufrecht stehenden Glockenturm rechts der Straße wurden von der deutschen Besatzung im Zweiten Weltkrieg als Waffenlager zweckentfremdet, später von rhodischen Bauern als Schweinestall genutzt und sind nun dem weiteren Verfall preisgegeben.

Das früher eher stille Dorf **Katavia** hat sich seit 1998, als der zuvor nur mit Allradantrieb befahrbare Feldweg nach Prassonisi [Nr. 24] an der Südspitze zur komfortablen Asphaltpiste ausgebaut wurde, bereits zu einem recht lebendigen Ort entwickelt. Die Tavernen im Zentrum sind meist gut besucht von Ausflüglern, die auf dem Weg zum Meer sind.

Sehenswert ist die wohl im 14. Jh. auf Grundmauern aus frühchristlicher Zeit erbaute Friedhofskirche *Kimisis tis Theotokou* (Schlüssel am Dorfplatz erfragen). Der aus schweren Feldsteinen errichtete Kreuzkuppelbau mit einem tonnenüberwölbten westlichen Anbau aus dem 17./18. Jh. zeigt noch zwei Schießscharten, die an die frühere Funktion als Wehrkirche und Zufluchtsort erinnern. Die Wände im Inneren sind fast vollständig mit *Fresken* des 17. Jh. bedeckt, die allerdings ihrer Renovierung harren. Hervorzuheben sind vor allem die Szenen der Schöpfungsgeschichte im westlichen Kreuzarm, die das Werk Gottes schildern: die Entstehung der Erde, die Scheidung von Licht und Finsternis, die Trennung von Erde und Wasser sowie schließlich die Erschaffung von Pflanzen, Tieren und des Menschen.

i Praktische Hinweise

Information: Prassonisi Club, Katavia, Tel./Fax 22 44 09 12 31. Auskünfte sowie Vermittlung von Studios.

24 Prassonisi und Vroulia

Kleine Ferienidylle mit Sandstrand und Blick auf das Nachbareiland, dazu Ruinen einer antiken Stadt.

Top Tipp

Noch vor wenigen Jahren konnte man von der rhodischen Südspitze stets problemlos zur kleinen Insel **Prassonisi** hinüberwaten. Nun trennt je nach Strömung und Wasserstand manchmal ein Meeresarm Rhodos von seiner kleinen Nachbarin, deren karge Hügellandschaft man von dem langen und 200 m breiten *Sandstrand* an der **Südspitze** betrachten kann. Seit die zuvor kaum befahrbare Piste von Katavia her durch die menschenleeren, fast baumlosen Hügel asphaltiert wurde, nutzen immer mehr Badegäste und auch *Surfer* diesen Küstenstreifen, der stets von einem kräftigen Wind umtost wird.

Lobpreisung Gottes: Friedhofskirche Kimisis tis Theotokou aus dem 14. Jh. in Katavia

Eine zuverlässig frische Brise und ein fröhliches Spiel der Wellen machen den Sandstrand von Prassonisi zum beliebten Treffpunkt für Surfer und Badefreunde

Mehrere Restaurants stehen für sie am Ende der Straße und am Beginn des Strandes bereit, dazu Apartmenthäuser und auch schon ein Hotel.

Nicht gerade spektakulär, aber historisch interessant sind die Reste der antiken Stadt **Vroulia** oberhalb der Steilfelsen in strategisch günstiger Lage. Sie wurden 1908 von dem dänischen Archäologen *Johannes K. Kinch* entdeckt und freigelegt. Der Ort mit seinem rechtwinklig angelegten Straßennetz entstand im 7. Jh. v. Chr., mit der Gründung von Rhodos-Stadt 408 v. Chr. verlor Vroulia jedoch bereits seine Bedeutung. Zu den wenigen noch sichtbaren Resten führt ein bei den Restaurants beginnender, ausgeschilderter Pfad. Nach knapp 1 km stößt man über einer felsenumrahmten Bucht auf die Grundmauern von *Zweiraumhäusern*, weiter oben erstreckt sich eine lange *Mauer*, die einst rund 40 Häusern als Rückwand diente. An ihrem Ende öffnet sich ein *Platz* mit zwei Altären und dem niedrigen Mauerwerk eines Turms.

Fantasievoll gestaltete Tavernen locken am Strand von Prassonisi mit Erfrischungen

25 Moni Skiadi

Das Kloster im ›wilden Südwesten‹ ist berühmt wegen seiner Marienikone.

Nirgends ist die Küste der Insel so rau und einsam wie nordwestlich von Katavia, eine mit Macchia und Wacholder bewachsene Felsenlandschaft, in der nur ganz vereinzelt Häuser stehen. Der kräftige Westwind lässt das Meer an die meist steinigen Strände branden.

In dieser von Wildheit geprägten Gegend, die nicht nur Naturliebhaber begeistert, liegt (ausgeschildert an der Straße von Katavia nach Monolithos) an einem malerischen Platz mit unvergesslicher Aussicht das Kloster Moni Skiadi, dessen Ikone der *Panagia Skiadini* auf Rhodos die höchste Verehrung genießt. Einer **Legende** zufolge wurde sie von drei Mönchen am nahen Strand gefunden, nachdem sie einem wundersamen Leuchten gefolgt waren. In der Überzeugung, das Bild der Gottesmutter sei ein Werk des Evangelisten Lukas, brachten sie es in ihre Höhle, aus der es jedoch über Nacht wieder verschwand. Erst nach langer Suche wurde es wieder entdeckt.

Voller Dankbarkeit errichtete man im 13. Jh. am Fundort eine kleine **Klosterkirche**, deren Reste in den Neubau aus dem 19. Jh. integriert wurden. Die alten Gemäuer befinden sich in dem Altarraum hinter der Ikonostase, sind jedoch nicht zugänglich. Auf der Vorderseite dieser Bilderwand hat die hochverehrte **Ikone** der Panagia Skiadini ihren Platz. Hals und Gesicht der Maria und des Kindes sind sichtbar, während getriebenes und teilweise vergoldetes Silber den Rest des Gemäldes bedeckt. In den Wochen vor Ostern geht die Ikone auf ›Reisen‹ und beehrt nach einem traditionellen Ritus mehrere rhodische Dörfer sowie die Insel Chalki mit ihrem feierlichen Besuch.

Manchmal gestattet ein freundlicher Priester den Blick auf die **Wandmalereien** hinter der Ikonostase. In der Apsis sieht man zwischen den Erzengeln Michael und Gabriel die thronende Muttergottes, im Gewölbe die Himmelfahrt Christi. Obwohl in ihrer Darstellungsweise stark der stilisierenden byzantinischen Tradition verpflichtet, stammen die Fresken erst aus dem 18./19. Jh.

Zwar sind die **Klosterzellen** nicht mehr bewohnt, doch trifft man häufig Geistliche an, die den zahlreichen Pilgern und Heilungssuchenden zur Seite ste-

Priesterlicher Rat: das abgeschieden auf einem Plateau hoch über der Küste im rhodischen Südwesten gelegene Kloster Moni Skiadi ist ein bedeutendes Pilgerziel

hen. Auch die Übernachtung im Kloster ist gelegentlich möglich, für Verpflegung und eine warme Decke muss der Gast aber selbst sorgen. In friedvoller Stille genießt man auf der Klosterterrasse im Baumschatten den herrlichen Rundblick über Täler und Berge.

26 Messanagros, Agia Warwara und Agios Thomas

Ein Dorf mit Spuren frühchristlicher Architektur, Ruinen dreier Basiliken und eine kleine Pilgerkirche im Wald.

Das hoch in den Koukouliari-Bergen gelegene Dorf **Messanagros** gehört sichtlich nicht zu den wohlhabenden rhodischen Orten. Das *Kafenion ›O Mike‹* an der Platia, um die sich die einfachen steingrauen und weißen Häuser gruppieren, ist seit langem das einzige in Messanagros. Dass der sehr ursprünglich gebliebene Ort in frühchristlicher Zeit ein wichtiger Bischofssitz war, will man angesichts dieser Idylle kaum glauben. An seine einstige Bedeutung erinnern nicht nur die sehenswerte Kirche Kimisis tis Theotokou im Zentrum und die inzwischen verfallenen Terrassenfelder an den Hügeln, deren Erträge viele Generationen ernährt haben, sondern auch die sechs Straßen, die an diesem Verkehrsknotenpunkt abseits der einst ständig von Piraten bedrohten Küste zusammentreffen.

Der freundliche Wirt des Kafenion führt den Besucher gerne zu der Kirche **Kimisis tis Theotokou** gleich gegenüber der Platia. Er schließt das eiserne Tor der Umfriedung auf und zeigt die wichtigsten Attraktionen des geduckten, ein Stück unterhalb des heutigen Bodenniveaus liegenden mittelalterlichen Einraumbaus. Wie bei näherer Betrachtung der Grundmauern deutlich wird, gingen der heutigen Kirche zwei *Vorgängerbauten* voraus. Von einer im 5. Jh. entstandenen dreischiffigen Basilika zeugt im Inneren noch die *vierseitige Apsis* des Mit-

Bergdorfidylle: eingebettet in eine einsame dürre Hügellandschaft leuchten die schlichten weißen Häuser von Messanagros Besuchern entgegen

telschiffs mit der halbkreisförmigen *Sitzbank der Priester*. Dieser erste Bau wurde aber schon bald wieder abgerissen und um das Jahr 600 an fast gleicher Stelle durch eine neue Basilika mit runder Apsis ersetzt, wie gleichfalls noch immer gut zu sehen ist. Sie war allerdings kleiner und hatte statt der rund um die heutigen Außenmauern teils noch sichtbaren *Mosaikböden* mit geometrischen und floralen Mustern aus farbigen Steinen nur einen einfachen Boden aus Tonscherben in der Vorhalle. Noch kleiner geriet im 13. Jh. die bis heute bestehende Marienkirche Kimisis tis Theotokou über dem Areal des Mittelschiffs der älteren Basiliken. Die Baumeister des hohen Mittelalters bedienten sich dabei des bereits vorhandenen Baumaterials: So blieben im Inneren monolithische *Säulen* und ein schön gestaltetes marmornes *Taufbecken* in Kreuzform mit einer Inschrift des 5. Jh. erhalten: ›Für das Wohlergehen und die Erlösung derer, deren Namen Gott kennt‹. Ein Säulenschaft mit eingemeißeltem Kreuz fand als *Türsturz* des ehrwürdigen kleinen Kirchleins dauerhafte Verwendung.

Bezaubernde Schlichtheit: frühchristliche Bauteile und eine einfache hölzerne Ikonostase sind der bescheidene Schmuck der Kirche Kimisis tis Theotokou in Messanagros

Weitere Reste frühchristlicher Kirchenbauten finden sich einige Kilometer nördlich von Messanagros auf dem Grabungsgelände der einstigen Basilika **Agia Warwara**. Man erreicht sie über die Erd- und Schotterstraße Richtung Apolakkia, von der man nach etwa 4 km in den ersten Seitenweg rechts abzweigt. Hier sollte man parken, denn schon nach kurzer Strecke den Hang entlang talwärts verengt sich der Weg zu einem Ziegenpfad, der durch dichtes Gestrüpp etwa 500 m weiter zu den Mauerresten auf einer bescheidenen Hügelkuppe inmitten des Tals führt. Festes Schuhwerk und lange Hosen sind bei der Bewältigung dieses zum Teil dornigen Weges sehr hilfreich. Macchia und Phrygana haben auch das *Grabungsareal* überwuchert, man balanciert von Stein zu Stein über die Reste der nur etwa 10×10 m großen Basilika des 5. Jh. und ihrer beiden stattlicheren Nachfolgebauten aus dem 6./7. Jh. Zwischen verfallenen Grundmauern und rankendem Pflanzenwerk sind noch marmorne Säulenbasen, Reste von Mosaikböden und ein einzelnes, wohl erhaltenes ionisches Kapitell mit einem Kreuzrelief erkennbar. Zurück auf der Straße bietet sich ein schöner Meerblick zugleich nach Osten und Westen.

Landschaftlich sehr reizvoll liegt südöstlich von Messanagros die schlichte kleine Pilgerkapelle **Agios Thomas**, die an der Straße Richtung Gennadi nach etwa 6 km links ausgeschildert ist. Der weiße Kreuztonnenbau hat das schöne bewaldete Tal mit seinem Bach ganz für sich allein. Nur der Platz unter den Bäumen rund um das Kirchlein wurde planiert, um zum traditionellen *Fest des hl. Thomas* [s. S. 131] bequem Tische und Stühle aufstellen zu können.

Die tief in den Grund gesunkene Kapelle ist meist unverschlossen, vorsichtig lässt sich die Tür zum Öffnen etwas anheben, und innen gibt es sogar elektrisches Licht. So treten die *Fresken* des 14./15. Jh. an den Wänden eindrucksvoll aus dem Dämmerlicht hervor: Blickfang ist unter der Apsiswölbung die nahezu unversehrte Darstellung Christi zwischen den Erzengeln. Noch gut erkennbar unter den ansonsten leider nur fragmentarisch erhaltenen biblischen Szenen ist außerdem an der Nordwand unter dem Bild der Muttergottes der hl. Thomas, der im Glaubenszweifel die Seitenwunde Christi berührt.

Hoher Besuch: die Ikone der Panagia Skiadini beim Fest des hl. Thomas

Ein rauschendes Fest – Panagiri von Agios Thomas

Die Panagiri von Agios Thomas ist kein gewöhnliches Patronatsfest, wie es in anderen rhodischen Dörfern gefeiert wird, sondern zieht jährlich am Sonntag und Montag nach Ostern die Einwohner der gesamten Umgebung zu der kleinen Kapelle in lauschiger Waldlandschaft. Anlässlich dieses Feiertages weilt nämlich die weithin berühmte Ikone der **Panagia Skiadi** [s. S. 88] auf ihrer Reise rund um die Insel für zwei Tage in dem Kirchlein. Der Besuch des hochverehrten Marienbildes aus dem Kloster Moni Skiadi symbolisiert die persönliche Anwesenheit der Gottesmutter und bekräftigt stets von Neuem ihren heiligen, das ganze Jahr über währenden Schutz.

Entsprechend ausgelassen und fröhlich gestaltet sich das **Fest des hl. Thomas**, jenes Jüngers, der zunächst an der Auferstehung Christi zweifelte und daher auch ›ungläubiger Thomas‹ genannt wird. Sämtliche Tische und Stühle auf dem runden Platz vor der Kirche sind besetzt, während der Duft gegrillter Lämmer und Zicklein das Tal erfüllt und bis tief in die Nacht hinein zu den Liedern der Musikanten getanzt wird.

Prächtig gerüstet: Fresko eines Soldatenheiligen in der Kirche Agios Georgios Wardas

27 Apolakkia und Arnitha

Friedliches Dorfleben und kostbare Kirchen in grünem Gebirgsbecken.

Statt stachliger Macchia wie um Messanagros breiten sich um Apolakkia und seine Nachbardörfer im Rund der Gebirgshöhen Olivenhaine und Getreidefelder aus, dazwischen werden auf Feldern Melonen angebaut, die schon im Juni als schwere gelbgrüne Bälle auf dem fruchtbaren Boden liegen. Noch sind die Straßen in dieser abgeschiedenen Ecke wenig befahren, bieten sich die einsamen Nebenstraßen sogar für fast ungestörte Wanderungen von Dorf zu Dorf an.

Der kleine Ort **Apolakkia**, der mit mehreren Tavernen aufwarten kann, bietet selbst keine besonderen Sehenswürdigkeiten. Interessant ist jedoch die etwas außerhalb in einsamer Landschaft an einem Waldhang gelegene mittelalterliche Kirche **Agios Georgios Wardas**. Man biegt am östlichen Ortsausgang von Apolakkia von der Straße Richtung Arnitha links ab und fährt über Schotter- und Sandstraßen, immer der Ausschilderung ›Agios Georgios Wardas/Kochilia‹ folgend, an einem Bach entlang auf den Wald zu. Dort steht, etwas versteckt hinter Bäumen, die aus Feldsteinmauerwerk als kleiner Einraumbau mit Spitztonnengewölbe errichtete Kirche. Gemäß der *Stifterinschrift* in der halbrunden Apsis entstand sie 1289/90. Nur wenige Jahre später wurden die seither leider von Feuchtigkeit schwer beschädigten *Fresken* geschaffen, die zu den ältesten der Insel zählen. Gut erhalten und in ihrer lebensnahen Auffassung des heiligen Ereignisses beeindruckend ist beispielsweise die Schilderung der ›Geburt Christi‹ im Gewölbe des Kirchenraums: Neben der Hauptszene zeigt eine Art Genrebild eine Frau, die prüft, ob das Badewasser im Zuber für das Kind gut temperiert ist. Auffällig sind auch die prachtvoll gewandeten Soldatenheiligen unterhalb der Geburtsszene mit ihren Kettenhemden und Speeren. Wie viele dieser kostbaren alten Fresken verloren gegangen sind, lassen die grau verputzten Leerstellen an den Wänden und im Gewölbe nur ahnen.

Der abseits der üblichen Reiserouten gelegene Weiler **Arnitha** besitzt als einzige nennenswerte Attraktion das schöne alte Feldsteinkirchlein *Agios Nikon*. Der winzige Einraumbau, der als Ersatz für den nicht vorhandenen Glockenturm eine im Geäst eines Baumes hängende Glocke besitzt, liegt auf einer Anhöhe am Südwestrand des Dorfes. Von seiner einst reichen Ausmalung des 14. Jh. ist nur eine Darstellung des hl. Nikon leidlich erhalten. Hilfe suchende Gläubige bringen dem Heiligen († 998), einem asketischen Mönch aus Kleinasien, der später auf dem Peloponnes mehrere Klöster gründete, noch heute ihre Votivplättchen mit eingeprägten Beinen, Ohren oder Augen dar.

Etwa 2 km nördlich von Arnitha lohnen die Reste des frühchristlichen Bischofssitzes **Agia Irini** einen Besuch. Das nicht leicht zu findende Grabungsareal erreicht man über die Straße Richtung Apolakkia, von der man nach ca. 2 km auf nicht ausgeschildertem Weg rechts abzweigt. Jenseits der Brücke hält man sich links Richtung Istrios, bis gut 1 km weiter hinter einem verlassenen Haus das *Ruinenfeld* ins Blickfeld gerät. In der poetisch anmutenden Landschaft sind die Grundmauern einer dreischiffigen Basilika erkennbar, die im 6. Jh. als Bischofskirche errichtet wurde. Nördlich davon sieht man Reste einer jüngeren einschiffigen Kirche sowie die Spuren von zwei weiteren Kirchenbauten mit Fragmenten eines Fußbodenmosaiks. Die Anzahl und Größe der erhaltenen Kirchengrundrisse lässt darauf schließen, dass Agia Irini in frühchristlicher Zeit eines der bedeutendsten religiösen Zentren der Insel war.

i Praktische Hinweise

Restaurant

Skoutas-Restaurant, am südwestlichen Dorfrand von Apolakkia, Tel. 22 44 06 12 51. Wirtshaussaal mit großen Wandbildern und rustikaler Einrichtung. Die Wirtin Styliani kocht täglich mehrere Menüs mit griechischen Spezialitäten wie Moussaka und Stifado.

28 Istrios

TOP TIPP *Weitläufiges Dorf in schöner Hügellandschaft mit einer hübschen Einraumkirche.*

Umgeben von grünen Talgründen mit Getreidefeldern, an deren Rändern Oliven-, Feigen- und Nussbäume gedeihen, liegt etwa 10 km nordöstlich von Apolakkia das Dorf Istrios. Um in der kleinen, jedoch weitläufigen Streusiedlung den ummauerten Friedhof mit der sehenswerten Kirche **Agios Merkourios** zu finden, fragt man am besten in der Taverne an der Hauptstraße oder im nahen Kafenion nach dem Weg. Die hübsche Einraumkapelle wurde vermutlich bereits im 11. Jh. errichtet, und zwar mit einem Mauerwerk, das den für die byzantinische Zeit typischen Wechsel von Feldstein- und Ziegellagen zeigt. Auf schwarz-weiß gemustertem Chochlaki-Pflaster betritt man das *Innere*, das von dem überlebensgroßen Fresko des Kirchenpatrons aus dem 15./16. Jh. dominiert wird. Dieser Heilige war ein skythischer Offizier, der unter der kurzen Herrschaft des Kaisers Decius (249–251) enthauptet wurde, weil er sich weigerte, dem christlichen Glauben abzuschwören. Unter der einfachen Tonnenwölbung hat sich zudem eine der schönsten ländlich bunt bemalten Ikonostasen von Rhodos erhalten, sie stammt aber wohl erst aus dem 17. Jh.

Nach Verlassen der Kirche lohnt wegen des weiten Ausblicks über den ganzen Süden der Insel ein Abstecher hinauf in das 3 km südöstlich von Istrios am Berghang gelegene Dörflein **Profilia**. Zwischen den auf steilen Terrassen errichteten würfelförmigen weißen Häusern und der schlichten Einraumkapelle *Agios Georgios* lädt ein Kafenion mit Tischen im Freien zur Rast in friedvoller Stille.

Grünes Panorama: ein herrlich weiter Ausblick über unbesiedelte Hügel und Täler des Inselsüdens eröffnet sich von dem am Berghang gelegenen Dorf Istrios

Der Westen – Wanderfreuden, Badespaß und archäologische Entdeckungen

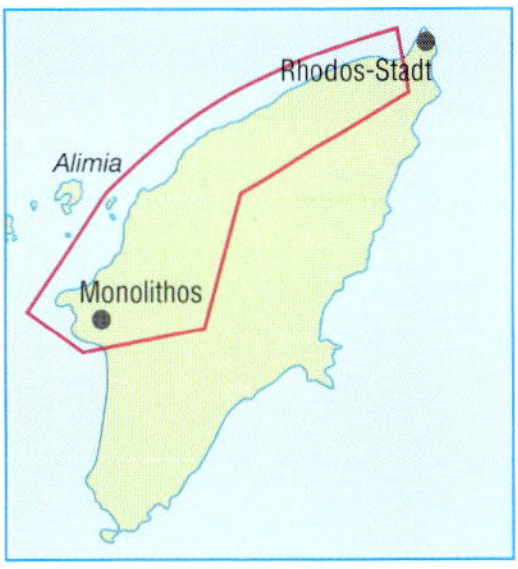

Wie der Osten von Rhodos kann auch die westliche Hälfte der Insel mit einer abwechslungsreichen Landschaft und einer Vielfalt an Urlaubsangeboten für fast jeden Geschmack aufwarten. Flache lange *Sandbuchten* laden zu Familienferien ein, an windumtosten Küstenstreifen stellen *Surfer* ihr Können unter Beweis, vom Silberlaub der Olivenbäume und Piniengrün erfüllte Täler und Berge locken die *Wanderfreunde* an. Wer vor allem Strandvergnügen, ein fröhlich-trubeliges Nachtleben und Komfort in Reichweite sucht, wird in dem Touristenzentrum **Ialyssos** fündig. Bedeutende archäologische Stätten wie das antike **Kamiros** sowie Tempelruinen und Klosterbauten auf dem Berg **Filerimos** oberhalb von Ialyssos oder die mächtige Burgruine auf dem großartigen Felskegel **Monolithos** sind Ziel erlebnisreicher Exkursionen. Eine Entdeckung für Weinkenner bieten schließlich die vorzüglichen Tropfen, die im Winzerort **Embonas** aus Reben gekeltert werden, welche an den sonnigen Hängen des höchsten Inselberges **Ataviros** gedeihen.

29 Monolithos und Kap Fourni

Eine grandiose Felsenburg, traumhafte Panoramablicke und rätselhafte Felskammern.

Am Südhang des *Akramitis* (825 m) mit weiter Sicht über die Westküste liegt in einer waldreichen Hügellandschaft der malerische Ort **Monolithos**. Abgesehen von seinen blumenreichen Gärten, zwei einladenden Tavernen und einem kleinen Hotel besitzt das weitläufige Dorf keine besonderen Attraktionen.

Seinen Namen (›aus einem Stein‹) verdankt es dem mächtigen, 3 km westlich aus den Pinienwäldern aufragenden Felskegel, auf dessen Gipfelplateau in 240 m Höhe das **Kastro Monolithos** thront. (TOP TIPP) Die großartigsten Blicke auf den imposanten Bergsockel mit den Ruinen einer Burg und einer kleinen Kirche hoch über dem Meer bieten sich schon kurz nach Verlassen des Dorfes von der gut ausgeschilderten Straße, die in Serpentinen mit Haltepunkt zum Fotografieren abwärts bis zum Parkplatz führt. Über einen steilen Treppenweg steigt man dann im Schatten der Pinien zum Gipfel hinauf, von dem sich ein atemberaubender *Panoramablick* über die gesamte Westküste eröffnet – ein besonderes Erlebnis zum Sonnenuntergang. Die teilweise erhaltenen, hohen Burgmauern sowie die *Ruinen* der Wohnhäuser, der tonnengewölbten Kirche Agios Pantelemon, einer weiteren kleinen Kirche und der Zisternen sind zumeist Neubauten aus der Johanniterzeit. Großmeister Pierre d'Aubusson ließ sie 1476 – noch kurz vor dem ersten großen osmanischen Angriff auf Rhodos – als Verstärkung einer bereits bestehenden byzantinischen Verteidigungsanlage errichten. An einigen Stellen sind die Reste des byzantinischen Mauerwerks aus wechselnden Lagen von Feldsteinen und Ziegeln noch gut erkennbar.

◁ *Grandios und unvergesslich: das auf einem Felssporn thronende Kastro Monolithos mit einzigartiger Aussicht über die Westküste*

Vermutlich wurde der Felsen aufgrund seiner strategisch günstigen Lage schon in der Antike genutzt, Spuren dieser Zeit fanden sich jedoch nur am nahen **Kap Fourni**, (TOP TIPP) das man über die vom Parkplatz bergab führende Straße erreicht. Sie mündet nach etwa 2 km in eine breite felsgesäumte Sandbucht, die sich zu einem schattigen Pinienhain öffnet. Von dem schönen, meist nur wenig besuchten Badeplatz blickt man auf das vom linken Rand der Bucht weit ins Meer ragende Kap.

Ziel für Badefreunde und Entdecker: am Rande einer hübschen Strandbucht streckt sich die lange Felszunge des Kap Fourni mit seinen Grabkammern und Höhlen ins Meer

Diese lang gestreckte Felszunge mit ihren aus dem Stein gemeißelten Grabkammern der Spätantike, frühchristlich genutzten Höhlen und dem halb verfallenen Turm an ihrer Spitze lohnt unbedingt eine Erkundung. Vermutlich diente dieser *Rundbau*, der aus zehn sauber geschichteten Steinlagen besteht, in der Spätantike als Leuchtturm. Seine Ruine erinnert an einen rhodischen Backofen (›fournos‹) und gab dem Kap den seltsamen Namen. Die äußerste Spitze, rund 30 m lang, liegt übrigens abgebrochen im Meer, ein Zeugnis der gewaltigen Erosionskräfte von Wasser und Wind – Vorsicht an den Felskanten, wenn es stürmt! Um zu den spätantiken Gräbern zu gelangen, die sämtlich an der Südseite des Kaps aus dem Fels gemeißelt wurden, ist an mehreren Stellen Kletterkunst erforderlich. Auch von oben frei einsehbar liegt dagegen gut 20 m vom Rundturm eine tief eingeschnittene Kammer mit mehrere Meter hohen Wänden und freiem Zugang zum Meer. Vielleicht wurde sie als Schiffsversteck genutzt, eventuell aber auch als *Meerwasserbecken* zur ›Aufbewahrung‹ lebend gefangener Fische.

Dörflich schlicht und einfach köstlich: die kleine Village Taverna in Monolithos

Etwa 100 m östlich der Spitze fällt eine *Höhlenkirche* mit dem Grundriss eines griechischen Kreuzes auf. Die beiden gleich langen Arme werden von Tonnengewölben überspannt, in deren Schnittpunkt das Kreuzsymbol in den Fels gemeißelt ist. Wenige Meter entfernt trifft man auf drei *Grabkammern*. An ihren Wänden sind Schrift- und Kreuzzeichen eingeritzt sowie in der mittleren Höhle die Darstellung eines Schiffes.

i Praktische Hinweise

Hotel

Thomas, Monolithos, am westlichen Ortsrand unterhalb der Straße zum Kastro Monolithos, Tel. 22 46 06 12 91, Reservierung auch unter Tel. 22 41 02 27 41. Schlichtes Hotel mit neun Balkonzimmern, die einen herrlichen Ausblick auf die Westküste bieten (im Winter geschl.).

Von saftig grünen Reben umrankt: in malerischer Lage an den Hängen zu Füßen des felsig kargen Ataviros breitet sich der kleine Weinort Embonas, ...

Restaurants

Christos Corner, Monolithos, direkt an der Abzweigung der Straße zum Kastro Monolithos, Tel. 22 46 06 13 10. Restaurant und Bar in schöner Panoramalage. Auf der großen überdachten Terrasse werden Spezialitäten vom Holzkohlengrill serviert. Der freundliche Familienbetrieb hat auch einige preisgünstige Gästezimmer.

Village Taverna, Monolithos, am Ende der Gasse unterhalb der Dorfkirche. Taverne mit malerischer kleiner Terrasse und schöner Aussicht. Das freundliche Wirtsehepaar serviert schmackhafte typisch regionale Köstlichkeiten.

30 Embonas

Der beste Platz, um rhodischen Wein zu verkosten – und zu kaufen.

In ein lang gestrecktes Tal zu Füßen des felsig-rauen *Ataviros* (1205 m), an dessen unteren Hängen die besten Rebstöcke der Insel gedeihen, schmiegt sich die rhodische ›Weinhauptstadt‹ Embonas. Sie ist inzwischen nicht nur populäres Ziel für Liebhaber guter Tropfen, sondern auch für Bustouristen.

Der erste Weg der Besucher führt in der Regel zur **Weinkellerei Emery**, die bereits 1923 in Rhodos-Stadt gegründet wurde und seit 1966 in Embonas ihren Sitz hat. Rund 1 Mio. Flaschen werden hier jährlich abgefüllt, ihren Inhalt kann man vom Frühling bis zum Herbst (April – Okt. Mo – Sa 9–16.30 Uhr, Tel. 22 46 04 12 08, www.emery.gr). Stolz zeigt man interessierten Gästen bei einem kleinen *Rundgang* durch die Kellerei neben den modernen Edelstahlbehältern die alten 4 m hohen Fässer aus französischem Eichenholz und beschreibt die verschiedenen Methoden des Kelterns.

... in dessen Weinkellerei Emery schmackhafte Rot- und Weißweine zu verkosten sind

Als Souvenir beliebt: fein gemusterte Stickwaren zieren Ladenfassaden von Embonas

Bei einem anschließenden Bummel durch den Ort trifft man auf zahlreiche einladende *Tavernen*, deren Angeboten an kräftigen Fleischgerichten die Wenigsten nach der vollbrachten Weinverkostung widerstehen können. Auch die *Souvenirstände* finden einige Beachtung. Als Abendattraktion präsentiert Embonas regelmäßige Darbietungen von griechischem *Folkloretanz.*

31 Ataviros

TOP TIPP *Der höchste Berg der Insel – rau, felsig, schattenlos.*

Der rund 3 km lange Aufstieg vom Weindorf Embonas zum 1205 m hohen Gipfel des Ataviros ist eine Herausforderung an Ausdauer und Orientierungssinn. Der schon von weitem als mächtiger hellgrauer Felsrücken das Blickfeld dominierende Berg wirkt weder steil noch schroff. Doch erfahrene Wanderer warnen davor, den **Aufstieg** über 800 Höhenmeter leicht zu nehmen, denn drei Viertel der Strecke müssen ohne Pfad und Weg im felsigen Gelände bewältigt werden. Am Gipfel ist sogar Klettern angesagt. Da es an Markierungen mangelt, ist die **Begleitung** durch einen kundigen Einheimischen sehr hilfreich (in den Tavernen in Embonas fragen!). So überschaubar das baumlose Berggelände wirkt, so schnell kann plötzlich einfallender Nebel die Orientierung unmöglich machen. Schon an den mittleren Hängen und erst recht am Gipfel wehen oft stürmische Winde, manchmal so heftig, dass sie einen fast umreißen. Der Aufstieg empfiehlt sich daher nur bei gutem Wetter, die übliche **Ausrüstung** für Bergwanderungen, vor allem gutes Schuhwerk und Kopfbedeckung, ist unverzichtbar. Man sollte auch ausreichend Getränke und Proviant mitnehmen, da es am Ataviros weder Schutzhütte noch Berggasthof gibt.

Über grünen Tälern und blühenden Hängen erhebt sich als graue Eminenz der Ataviros

Wanderfreunde, die den anspruchsvollen Aufstieg unternehmen, werden mit wunderbaren **Fernblicken** belohnt und finden an heißen Sommertagen in den frischen Brisen auf dem Berg willkommene Abkühlung. Zudem ist der Ataviros auch archäologisch interessant.

Etwa 4 Min. östlich des Gipfels, an dem ein verlassenes Haus steht, ist auf einer kleinen Anhöhe die Ruine des antiken **Zeustempels** zu erkennen – ein Steinhaufen mit geringen Resten von Stufen und Säulentrommeln. Auf dem einst zu dem Heiligtum führenden Pfad kann man auch zum Dorf **Agios Isidoros** (etwa 6 km südlich vom Gipfel) hinabsteigen. Für die gesamte Wanderroute ab Embonas wird man insgesamt 5–6 Std. benötigen. Sowohl Embonas als auch Agios Isidoros haben Busanschluss (vor der Wanderung nach dem aktuellen Fahrplan fragen!).

32 Kritinia

TOP TIPP *Wunderbares Panorama und verlockende Wanderung.*

Wie auf einem breiten Balkon mit prächtigem Ausblick auf die grauen Berghänge des Ataviros, grüne Täler, das Meer und die vorgelagerten Inselchen leben die Bewohner des kleinen Dorfes Kritinia auf einer Anhöhe über der Westküste von Rhodos. Die *Straße* von Embonas [Nr. 30] her führt durch reizvolle Mischwälder und gehört mit ihren Ausblicken zu den schönsten Strecken der Insel. Noch bevor man von Norden in die enge Zufahrt nach Kritinia einbiegt, lohnt an der rechten Straßenseite neben dem Rundbau des Café Milos das kleine **Heimatmuseum** (tgl. 9–17 Uhr) einen kurzen Halt. Die unspektakuläre, aber liebevoll zusammengestellte Sammlung aus dem 19./20. Jh. besteht aus landwirtschaftlichem Gerät, Stickereien, bäuerlicher Keramik und interessanten Gegenständen des Alltags wie z. B. einer Kinderwiege aus Teppichstreifen und zwei Stangen.

Zentrum des Ortes ist die beschauliche **Platia** mit Kafenion, das hier noch immer traditioneller Treffpunkt der Männer ist. Auf der großen Terrasse des angeschlossenen *Restaurant Anixis* mit grandiosem Ausblick auf die Küste fühlen sich vor allem Touristen wohl.

Blickfang Kritinias ist die wenige Schritte bergauf gelegene weiße **Dorfkirche**

Dörfliches Stillleben: die Platia von Kritinia bietet ein Bild geruhsamer Beschaulichkeit

mit dem von schwarz-weißem Chochlaki-Pflaster geschmückten Hof und dem durchbrochenen Glockenturm.

Kunsthistorisch bedeutender ist das mittelalterliche Kirchlein **Agios Ioannis Prodromos** südlich vom Ortskern in den Feldern, das man nach kurzem Fußweg über die Straße von der Platia (dort Schlüssel im Kafenion erfragen!) erreicht. Mit zwei hohen Zypressen vor dem Portal, die den vermutlich im 13./14. Jh. entstandenen weiß getünchten Bau weit überragen, bietet die kleine Kirche einen stimmungsvoll malerischen Anblick. Die *Fresken* im einschiffigen Inneren stammen teils aus dem 13., teils aus dem 15. Jh. und sind stark restaurierungsbedürftig. Unter den Szenen aus dem Neuen Testament sowie Darstellungen von Heiligen und Kirchenvätern ist vor allem die große Komposition mit dem ›Tanz der Salome vor Herodes Antipas‹ und der ›Enthauptung Johannes des Täufers‹ an der Nordwand bemerkenswert; beide Motive kommen auf Rhodos selten vor.

Wenn es nicht zu heiß ist für eine **Wanderung**, kann man von Kritinia aus in etwa 1–2 Std. auf einem Serpentinenpfad Richtung Küste zum *Kastell Kritinia* [s. S. 102] hinuntersteigen und – vor allem im Frühling – die vielfältige Flora dieser Gegend genießen, die imposante Burgruine immer im Blickfeld. Im Anschluss an die

Verträumte Idylle: im Schutz hoher Zypressen liegt das kleine mittelalterliche Kirchlein Agios Ioannis Prodromos am Rand von Kritinia in den Feldern

Besichtigung bietet an der Küste bei Kamiros Skala eine schöne *Badebucht* Abkühlung. Für die Rückfahrt nach Kritinia kann man den öffentlichen Busverkehr (in Kritinia vorab Fahrplan erfragen) oder ein Taxi von Kamiros Skala aus benutzen.

Hafenflair und Fischeralltag: am Anleger von Kamiros Skala geht es meist gemütlich zu

33 Kamiros Skala

Ein kleiner Hafen, in dem die Schiffe zur Überfahrt nach Chalki anlegen, und eine Burgruine der Johanniter.

Umrahmt von einer fruchtbaren Felderlandschaft, die von zahlreichen Gewächshäusern geprägt wird, liegt der kleine idyllische Naturhafen Kamiros Skala an felsiger Küste. Er besteht aus nicht viel mehr als der beliebten *Taverne Louka* mit geräumiger Terrasse, einem großen Parkplatz für die Wochenendausflügler zur Insel Chalki [Nr. 40] und der **Anlegestelle** für das Fährboot. Zumeist sieht man dort nur ein paar Angler an der Mole oder Fischer, die ihre Boote vertäuen, ihren frischen Fang entladen oder zerrissene Netze flicken. Rege Betriebsamkeit herrscht unter der Woche lediglich am frühen Nachmittag und natürlich sonntags, wenn die Fähre zu ihrer Tour nach Chalki aufbricht.

Leicht übersieht man in der Felswand hinter der Taverne die aus dem Stein gemeißelte Höhlung, ein nicht fertig gestelltes antikes **Grab** mit rechteckigem Umriss von der Größe eines kleinen Hauses. Seine Ähnlichkeit mit lykischen Felsgräbern an der türkischen Festlandsküste verweist auf die einst bestehenden Handelsbeziehungen mit Kleinasien. Teilweise vom Meer überspült werden wenige Schritte entfernt die Reste von Grund-

Blütenrausch: rhodische Pfingstrose (links), Klatschmohn (Mitte), Strohblume (rechts)

Aus dem Füllhorn der rhodischen Flora

Mit seiner beeindruckenden Artenvielfalt an Pflanzen, seinen ausgedehnten Wäldern und zahlreichen **Quellen** nimmt Rhodos unter den griechischen Inseln eine Sonderstellung ein, die u. a. durch ein milderes **Klima** und die geographische Nähe zur türkischen Festlandsküste bedingt ist. Zudem wurde hier in der Vergangenheit weniger gerodet als auf anderen Mittelmeerinseln, sodass Erosion und Verkarstung nur in geringem Maße anzutreffen sind.

Wo nicht Waldbrände ihren Tribut gefordert haben, bedecken die bis zu 20 m hohen **Aleppokiefern** und **Pinien** die Hügel und Berghänge. **Macchia** und **Phrygana** machen sich breit, wo der dichte Baumbestand endet. Diese Pflanzengesellschaften haben sich teils speziell auf die mediterranen Klimabedingungen eingestellt und können mit ihren tiefen Pfahlwurzeln, Knollen oder Zwiebeln ausreichend Wasser speichern, um die langen regenlosen Monate des Sommers zu überdauern. Typisch auf Rhodos sind u. a. Stechwinden und Mäusedorn, Lavendel- und Wacholderbüsche, Mastixsträucher und Zistrosen, deren Dornen und Stacheln nur wenig Feuchtigkeit verdunsten lassen – eine weitere Erfindung der Natur zum sparsamen Umgang mit dem lebenswichtigen Nass. Dornig gezähnt sind auch die Blätter der **Kermeseiche**, die mit ihren 2 m Höhe zu den größeren Phrygana-Arten zählt.

Zwischen März und Mai explodieren diese widerspenstigen Gewächse förmlich vor Blütenpracht, und ein bunter **Blumenteppich** überzieht die Insel. Weiß, rosa oder violett leuchten die Zistrosen, gelbe Flecken zaubert der Ginster in die Landschaft, mit verschiedenen Blautönen schmücken sich Thymian, Rosmarin, Salbei und Lavendel, rote Blüten an ihren blattlosen dornigen Stängeln zeigt die Dornbibernelle. In den agrarisch genutzten Tälern bilden Klatschmohn, Ranunkel, Anemonen und wilde Tulpen farbenfrohe Tupfer zwischen **Rebstöcken, Getreidefeldern** und **Olivenhainen**. Kräftig duftende, gelb blühende Akazien – auch Mimosen genannt – sowie Granatapfelbäume mit ihren großen gefüllten roten Blüten, **Quitten** und **Zitrusbäume**, dickfleischige **Feigenkakteen** und **Agaven** mit ihren kandelaberartigen Blütenstämmen sorgen an Feld-, Weg- und Straßenrändern für weiteren Naturschmuck. Zu den prachtvollsten Blütenpflanzen der Insel zählen die diversen **Iris-Arten**, die nur auf Rhodos vorkommende **Schachblume** mit ihrer zierlichen gelben Blütenglocke, die ebenfalls endemische schneeweiße **rhodische Pfingstrose** sowie natürlich die zahlreichen **Orchideen-Arten**.

Einen botanischen Höhepunkt bilden die fruchtbaren Hügel zwischen Embonas [Nr. 30] und Kamiros [Nr. 34], die etwa 90 % aller auf Rhodos heimischen Pflanzen aufweisen. **Wanderungen** durch die von den Düften wohlriechender **Kräuter** und Bienengesumm erfüllte Landschaft sind nicht nur während der großen Prachtentfaltung der Blumen im Frühjahr ein grandioses Erlebnis, sondern auch im Sommer und Herbst, wenn die Pflanzenwelt im Kampf gegen die Trockenheit ihren ganzen Erfindungsreichtum offenbart und nach dem ersten Regen wieder zu kraftvollem Leben erwacht.

mauern und Fußbodenmosaiken einer byzantinischen **Basilika** des 6. Jh., die einst stattliche Ausmaße besaß.

Die eigentliche Attraktion von Kamiros Skala ist das **Kastell Kritinia**, das sich weithin sichtbar 3 km südwestlich auf einem Felssporn hoch über der Küste erhebt (frei zugänglich). Die 1472 von den Johannitern auf den Grundmauern einer älteren Befestigung errichtete Burg zählt zu den besterhaltenen Verteidigungsanlagen der Ordensritter auf Rhodos. Hohe Mauern mit Zinnenkranz umschließen bis heute das schroffe Felsplateau, auf dem Reste eines kleinen Wehrturms, Zisternen sowie die Kirche *Agios Georgios* mit erhaltener Apsis und einem neu betonierten Flachdach zu einem Rundgang einladen. Unvergesslich sind die *Ausblicke* auf die Inseln Alimia und Chalki sowie den Ataviros und die grünen Hügel rund um Kritinia.

i Praktische Hinweise

Restaurant

Taverne Louka, Kamiros Skala, direkt am Hafen, Tel. 22 46 03 12 71. Bei den Einheimischen beliebtes Ausflugslokal mit großer Terrasse und schönem Meerblick. Es gibt fangfrisch zubereiteten Fisch, Meeresfrüchte und andere Köstlichkeiten der griechischen Küche.

34 Kamiros

TOP TIPP *Die Ruinen der antiken Stadt – Spiegel einer tausendjährigen Geschichte.*

In einer herrlichen Landschaft inmitten von duftenden Pinienwäldern gut 100 m über der Küste liegen die eindrucksvollen Reste des antiken Kamiros, etwa 18 km nordöstlich von Kamiros Skala. Die Ruinen der durch Erdbeben zerstörten und im 2. Jh. n. Chr. verlassenen Stadt, die in einer nahezu runden Talsenke mit grandiosem Panoramablick freigelegt wurden, zählen zu den bedeutendsten archäologischen Stätten auf Rhodos.

Geschichte Während ein **Mythos** den Ursprung von Kamiros mit den Minoern aus Kreta in Zusammenhang bringt, ist eine Besiedlung durch **Mykener** im 14. Jh. v. Chr. historisch gesichert. Nach einer ersten Blütezeit im 12. Jh. v. Chr. und der Einwanderung dorischer Griechen erreichte die Stadt im 6. Jh. v. Chr. den Höhepunkt ihrer Entwicklung, wie wertvolle Keramikfunde dieser Zeit belegen (im Archaiologiko Moussio in Rhodos-Stadt, s. S. 25). Als einer der drei rhodischen **Stadtstaaten** schloss sich Kamiros im Jahr 408 v. Chr. mit den beiden größeren Lindos und Ialyssos zusammen, um zugunsten der neu gegründeten Inselka-

Zauberhafte Silhouette: die imposante Ruine des Kastell Kritinia auf hohem Felssporn bietet bei Sonnenuntergang einen besonders eindrucksvollen Anblick

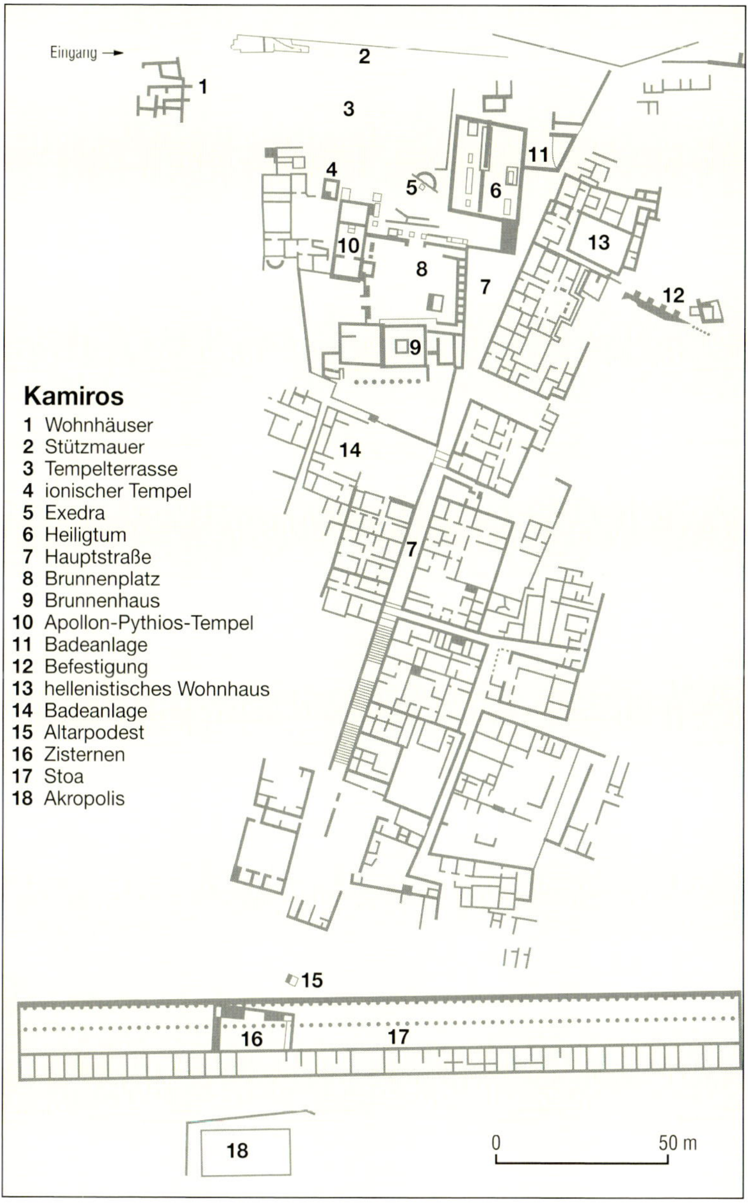

pitale Rhodos-Stadt auf seine bisherige Souveränität zu verzichten [s. S. 18]. Von nun an verlor auch Kamiros immer mehr an Bedeutung.

Das gleiche **Erdbeben** des Jahres 226 v. Chr., das in Rhodos-Stadt den berühmten ›Koloss von Rhodos‹ zusammenstürzen ließ, hat offenbar auch Kamiros zerstört, und zwar in so schrecklichem Ausmaß, dass eine ganz neue **hellenistische Stadt** mit rechtwinklig angelegtem Straßennetz auf den Überresten errichtet wurde. Ein weiteres Erdbeben suchte den Ort 142 v. Chr. heim. Die überlebenden Bewohner sind damals offensichtlich aus den Trümmern ihrer Vaterstadt geflüchtet, auf einen abermaligen Wiederaufbau wurde verzichtet. Die von italienischen Archäologen in der ersten Hälfte des 20. Jh. freigelegten Ruinen liefern da-

Ein Meisterwerk des antiken Städtebaus: in eine Talsenke mit weitem Blick über die Westküste schmiegen sich die Ruinen des einst mächtigen Stadtstaates Kamiros

her heute ein einzigartig authentisches Bild des hellenistischen Städtebaus.

Besichtigung Das antike Kamiros (im Sommer Di–Fr 8–17, Sa/So 8.30–15, im Winter Di–So 8.30–15 Uhr) ist nicht so spektakulär wie die Akropolis von Lindos, doch hat das waldumschlossene, am breiten Hang unterhalb der Akropolis gelegene Ruinengelände seinen eigenen Reiz. Sehr deutlich sind nicht nur Tempelreste, sondern auch die Wohnquartiere erkennbar, so dass man eine anschauliche Vorstellung vom Leben in der einstigen Stadt gewinnt. Die Erdbeben haben jedoch kein einziges Gebäude verschont, die heute wieder aufrecht stehenden Säulen sind ein Werk der italienischen Archäologen.

Gleich hinter dem Ticketkiosk am Eingang, wo die *Tour* beginnt, sind rechts Reste von **Wohnhäusern** [1] zu erkennen. Einige Schritte entfernt öffnet sich eine künstlich aufgeschüttete, mit einer **Stützmauer** [2] befestigte offene **Tempelterrasse** [3], die einst von Säulen gerahmt und mit marmornen Statuen auf den steinernen Sockeln geschmückt war. Die geräumige Terrasse war vermutlich auch Versammlungsplatz und Startpunkt für Prozessionen zu den Tempeln. An ihrer Südwestseite ist ein kleiner **Ionischer Tempel** [4], an der Südostseite eine **Exedra** [5], der Rest eines kleinen halbkreisförmigen Gebäudes mit Steinbank, erhalten. An der Ostseite der Tempelterrasse blieb in breiter Front ein **Heiligtum** [6] erkennbar, das einst mit Altären besetzt war, welche in zwei Reihen unter freiem Himmel standen. Eine Inschrift an der Westseite besagt, dass der Hauptaltar dem Sonnengott *Helios* geweiht war.

Hinter diesem Altar-Heiligtum trifft man auf die **Hauptstraße** [7], die in Nord-Süd-Richtung fast schnurgerade auf die Akropolis zuläuft. Folgt man ihr einige Schritte und geht rechts die Treppenstufen abwärts, gelangt man zum **Brunnenplatz** [8], der durch ein Portal von der Tempelterrasse aus betreten wird. Inmitten mehrerer Heiligtümer finden sich auf und rund um den fast rechtwinkligen Platz zahlreiche *Inschriftensteine*. Unter ihnen ist vor allem ein mächtiger Steinblock an der Ostseite interessant, der mit dem unvollendeten Relief eines Stiers geschmückt ist – dessen Verehrung als Zeichen göttlicher Kraft war in Vorderasien und Ägypten sowie im minoischen Kreta weit verbreitet, mit der persischen Erlösungsreligion des Mithras kam das Stiersymbol im 3. Jh. v. Chr. auch in die griechische Welt des Hellenismus.

Auf der Südseite des Brunnenplatzes schließt sich das **Brunnenhaus** [9] an, dessen Fassade dorische Halbsäulen schmücken. Innen fand man Reste einer großen Zisterne, in einer Ecke des westlich anschließenden *Nebenraums* Teile eines Fußbodenmosaiks aus Kieseln, ähnlich dem bis heute üblichen Chochlaki-Pflaster.

Nur dürftig sind die Fragmente eines dorischen Tempels an der Westseite des Brunnenplatzes. Obwohl dieser zumeist als **Apollon-Pythios-Tempel** [10] bezeichnet wird und aus Inschriften bekannt ist, dass dieser Gottheit der wichtigste Kult in Kamiros galt, ist die Zuweisung archäologisch bisher nicht eindeutig geklärt. Über einen Vorplatz sind die wenigen Fragmente des Heiligtums zu erreichen. Noch sichtbar sind an der Nordseite zwei aus dem Fußboden ausgehobene schmale *Öffnungen*, durch die man Opfergaben in die darunter liegende 2 m tiefe Schatzgrube warf.

Kehrt man nun dem Tempelbereich den Rücken und wendet sich auf der Hauptstraße nach links Richtung Meer, trifft man am Ende der Terrasse auf den beliebtesten städtischen Komfort der Antike: eine öffentliche **Badeanlage** [11]. Spuren der Feuerstellen und der Leitungen für Heißluft sowie eines Wasserbeckens sind noch zu erkennen. Östlich der Hauptstraße schließen sich die Reste von *Wohnhäusern* an, die in sehr dichter Bebauung die Ostseite des Stadtgebiets bis fast zur Akropolis hinauf überziehen.

Am Waldrand fällt das Mauerwerk einer **Befestigung** [12] auf. Direkt benachbart sind die Grundmauern eines großzügig angelegten **Hellenistischen Wohnhauses** [13] erhalten, das mit seinem Atrium, einem einst von Säulengängen gerahmten Innenhof, zu den anspruchsvolleren profanen Gebäuden zählt.

Der Hauptstraße bergauf folgend passiert man oberhalb des Tempelbezirks eine weitere **Badeanlage** [14], deren Fragmente sich jedoch kaum mehr zu einem Bild fügen lassen. Über drei Treppen erreicht man das obere Ende der Treppenstraße und einige Schritte weiter ein **Altarpodest** [15], von dem sich ein grandioser Blick über das Grabungsareal bietet. Daneben liegen die mächtigen, heute offenen Becken der antiken **Zisternen** [16], die noch aus dem 6. Jh. v. Chr. stammen. Unterirdische Wasserleitungen führten unter Nutzung des natürlichen Gefälles zu den Wohnquartieren. Diese 20×11 m großen und 4 m tiefen Zisternen wurden vermutlich nicht mehr genutzt und durch kleinere Becken ersetzt, als unmittelbar nördlich davon die 200 m lange **Stoa** [17] (Wandelhalle) gebaut wurde. Mit ihrer doppelten Reihe dorischer Säulen zählte sie zweifellos zu den architektonischen Prunkstücken von Kamiros, in idealer Lage als Abschluss über dem

Körperpflege hoch im Kurs: die Reste einer öffentlichen Badeanlage auf dem Ausgrabungsgelände von Kamiros bezeugen den beachtlichen Komfort der antiken Stadt

Zypressen säumen den Weg vom Gipfel des Filerimos zum Aussichtspunkt im Westen

›Häusermeer‹ der Stadt, ein antikes Belvedere mit Fernblick aufs Meer. In etwa 5×5 m großen Räumen hinter den Säulenreihen haben sich wahrscheinlich Priester und Pilger, vielleicht auch Philosophen und ihre Schüler aufgehalten, in nächster Nachbarschaft zum *Pallas-Athene-Tempel* und den anderen Heiligtümern, die auf der **Akropolis** [**18**] ihren Platz hatten. Auf dem schrundigen Fels ist davon freilich fast nichts mehr übrig. Was bleibt, ist der großartige Rundumblick: nach Norden aufs Meer, nach Süden über fruchtbare grüne Täler zum nahen Gipfel des Profitis Ilias. Ein angenehm schattiger Weg führt am Westrand des Ausgrabungsgeländes zurück zum Ausgangspunkt.

i Praktische Hinweise

Restaurant

New Kamiros, Kamiros, Zufahrt gleich gegenüber der Auffahrt zur Ausgrabung, Tel. 22 41 04 00 01. Bar und Restaurant auf einem winzigen Kap zwischen Straße und Meer, unter einer großen Tamariske am feinsandigen Badestrand. Spezialität ist frischer Fisch. Liegestühle und Sonnenschirme sowie Duschen gibt es auch.

35 Agios Soulas

Ein Quellheiligtum und ein Fest mit Eselrennen.

In einer lieblichen Landschaft mit kleinen Waldstücken, Wiesengrün und Wasserläufen etwa 4 km südlich von Soroni liegt die kleine Wallfahrtskirche Agios Soulas, die wegen der hier entspringenden **Quelle** verehrt wird. Sie gilt als wundertätig und heilbringend und wird daher von leidenden Gläubigen gerne aufgesucht. Auf einer schlichten *Ikone* bei der Kirche ist der hl. Soulas, ihr Schutzpatron, dargestellt, wie er gemeinsam mit seinem Gefährten, dem hl. Silas, das Modell der Kirche hält.

Jedes Jahr am 29. Juli strömen Besucherscharen aus ganz Rhodos auf den großen Fest- und Picknickplatz vor der Kirche, um das rauschende **Volksfest** mit üppigem Angebot an Speisen und Getränken, ausgelassenem Tanz und nicht zuletzt dem beliebten Wettlauf der Esel zu erleben. Am folgenden Tag wird dann der **Namenstag** des hl. Soulas gefeiert, der Anlass des populären Festes ist. Einst war auch der englische Schriftsteller *Lawrence Durrell* (1912–1990) bei dem Patronatsfest von Agios Soulas zu Gast und ließ sich von dessen Heiterkeit mitreißen. Er war Presseattaché auf der Insel und beschrieb seine Eindrücke von Rhodos in dem Buch ›Leuchtende Orangen‹.

36 Paradissi

Das kleine Städtchen beim Flughafen besitzt zwei alte Kirchen im Grünen.

Die stark befahrene Straße von Rhodos-Stadt zur Westküste durchschneidet den Ort, und der unmittelbar benachbarte *Flughafen* trägt ebenfalls nicht gerade dazu bei, dass Paradissi trotz einer freundlichen schattigen *Platia*, etlichen *Tavernen* und kleinen *Läden* einen paradiesischen Eindruck macht. Doch lohnen zwei schöne alte Kirchen einen Spaziergang in die grüne Hügellandschaft östlich von Paradissi.

Startpunkt ist der Parkplatz schräg gegenüber des Empfangsgebäudes des Flughafens. Rechts führt eine schmale Betonstraße, die sich an einem verfallenen Haus gabelt, hinauf ins Grüne. Links und dann in einer Rechtskurve geht es auf einem überwachsenen Schotterweg an einem bescheidenen Feld unter einer

Felswand vorbei zur **Ipapanti-Kirche**, die im 15. Jh. von Johannitern gegründet wurde. Der winzige Natursteinbau unter zwei Zypressen ist meist unverschlossen. Die teils leider schlecht erhaltenen *Fresken* im zweijochigen Inneren beeindrucken durch ihre ungewöhnliche Farbenkraft. Die schmale Terrasse über dem dicht bewaldeten grünen Talgrund bietet einen guten Ausblick auf die Westküste und die Landebahn des Flughafens.

Kehrt man zur Weggabelung zurück und wählt den kaum erkennbaren Pfad zwischen baumhohen Kakteen und alten Mauern rechts des verfallenen Hauses, so kommt man nach wenigen Minuten zu einem romantischen Olivenhain mit der Kirche **Agios Ioannis Theologos**, deren älteste Bauteile im 13. Jh. entstanden. Dieses gut restaurierte, frisch geweißelte Gotteshaus steht ebenfalls meist offen und besitzt einige schöne *Fresken*, die größtenteils aus dem 15./16. Jh. stammen. Das Gewölbe der Einraumkirche bedeckt ein Zyklus mit Szenen aus dem Leben Christi, unter denen das letzte Abendmahl und die Fußwaschung Petri mit ihrer expressiven Darstellungsweise beeindrucken. Die Wände sind geschmückt mit überlebensgroßen Heiligenfiguren sowie Motiven des Alten Testaments.

37 Filerimos

TOP TIPP

Aussichtsberg mit Zeugnissen vieler Zeitalter und lauschigen Rastplätzen unter duftenden Pinien.

Serpentine um Serpentine klettert die Straße von dem betriebsamen Touristenzentrum Ialyssos [Nr. 38] aus durch den Wald hinauf auf den steilen grünen Berg. Wanderfreunde gehen die knapp 4 km auch zu Fuß und genießen dabei die kühle Brise und den würzigen Pinienduft. Jede Kehre bietet neue weite Ausblicke über das Meer bis nach Rhodos-Stadt. Ialyssos, neben Lindos und Kamiros einer der drei frühen rhodischen Stadtstaaten, baute hier droben seine *Akropolis*. In grüner Natur, gut 250 m hoch über dem fröhlichen Trubel der Badeorte Ixia und Ialyssos, finden sich Spuren antiker, mittelalterlicher und neuerer Zeit – unspektakulär, aber aufgrund der reizvollen Lage sehr beeindruckend.

Heute ist Filerimos mit seinen malerischen Rastplätzen im Schatten von Pinien ein beliebtes **Ausflugsziel** einheimischer Familien, die in der Kühle des Waldes bei Picknick und Spielen häufig den ganzen Sonntag verbringen.

Geschichte Die ältesten Zeugnisse einer Besiedlung am Fuße des Filerimos gehen auf mykenische Zeit um 1500 v. Chr. zurück und belegen die Einwanderung von Achäern, die den Berg **Achaia** nannten. Nach der Ankunft der Dorer um 1000 v. Chr. entwickelte sich der antike Stadtstaat **Ialyssos**, dessen Herrschaftsbereich sich auf das ganze nördliche Drittel der Insel erstreckte. Erst nach der Gründung von Rhodos-Stadt 408 v. Chr. wurde Ialyssos weitgehend verlassen und verlor an Bedeutung. Strategisch von großer Wichtigkeit blieb jedoch der Berg, der 1248 den Genuesen, 1306 den Johannitern und schließlich 1522 Süleyman dem Prächtigen bei ihren Angriffen auf Rhodos-Stadt als natürliche **Festung** diente. Die Bauten, die sie hinterließen, wurden größtenteils unter italienischer Herrschaft Anfang des 20. Jh. restauriert und teilweise wieder aufgebaut.

Stimmungsvoll: Priesterraum mit Kreuzrippengewölbe in der Ritterkirche des Filerimos

Auf den Resten des antiken Tempels der Athena Polias (links) entstand in mehreren Bauphasen die mittelalterliche Ritterkirche mit ihrem mächtigen Turm (rechts)

Ihren heutigen Namen verdankt die Anhöhe einer byzantinischen **Klostergründung** im 13. Jh. durch einen Eremiten, der hier ›als Freund der Einsamkeit‹ (= Filerimos) eine Zelle bewohnte.

Besichtigung Vom Parkplatz sind es nur wenige Schritte an einem Erfrischungskiosk vorbei bis zum Eingangstor links (im Sommer Di–Sa 8–19, im Winter Di–Sa 8–15 Uhr). Ein feierlicher *Treppenweg* zwischen Zypressenreihen endet auf der Anhöhe bei den Resten des antiken **Tempels der Athena Polias**, dessen monumentale Grundmauern aus schweren, meterlangen Quadern vor dem Portal der Ritterkirche freigelegt wurden. Außerdem blieben auch Säulentrommeln und Triglyphensteine des Tempels erhalten, der im 3./2. Jh. v. Chr. der friedlichen, aber wehrhaften Schutzgöttin der Stadtstaaten geweiht wurde. Archäologische Funde belegen, dass am gleichen Platz bereits im 9. Jh. v. Chr. ein erster Vorgängerbau bestand.

Einen Teil des einstigen Tempelareals bedeckt nun die **Ritterkirche** mit ihrem wuchtigen überkuppelten Turm, eine eigenwillige italienische Rekonstruktion. Von der ursprünglichen frühchristlichen Basilika, die sich im 5./6. Jh. an dieser Stelle erhob, blieb außer einem kreuzförmig in den Boden vertieften *Taufbecken*, dem Rest eines Baptisteriums neben dem Turm, nichts erhalten. Für die Ganzkörpertaufe bestimmt, zeigt es Spuren von Einstiegstufen und ein Abflussloch in der marmornen Auskleidung des Beckens. Nicht mehr datierbar ist die einstige *Einraumkapelle*, die nach dem Verfall der Basilika auf dem Boden des vormaligen nördlichen Seitenschiffs entstand. Der Johanniter-Großmeister Pierre d'Aubusson ließ im späten 15. Jh. an diesen Bau weitere *Kapellen* mit Spitzbögen und Kreuzrippengewölben anfügen und den *Turm* errichten. Nach der osmanischen Eroberung der Insel 1522 verfielen die Gebäude jedoch und wurden erst Anfang des 20. Jh. von italienischen Architekten rekonstruiert. Ihre heutige Gestalt spiegelt nicht nur die ungewöhnliche Baugeschichte sondern auch die Mittelalterromantik ihrer Restauratoren wider.

Durch eines von drei Portalen betritt man einen achteckigen Raum, an den sich drei Kapellen anschließen. Die mittlere ist als Priesterraum durch schmiedeeiserne Gitter abgeschlossen, die linke enthält noch einen alten Marmorboden.

An ihrem Mauerwerk und den ›Diensten‹ unter den Kreuzrippen kann man gut erkennen, wie weit die alte Bausubstanz durch glatt bearbeiteten neuen Stein ergänzt wurde.

Das **Kloster** hinter dem Turm stellt einen vollständigen Wiederaufbau des einstigen Johanniterkonvents durch die Italiener dar, bietet aber mit seinen Zypressen und blühenden Pflanzen, die den stimmungsvollen Kreuzgang rahmen, einen malerischen Anblick.

Unter Pinien und Ölbäumen, vorbei an kleinen Getreidefeldern geht es hinter dem Kloster leicht die Bergkuppe hinab zur **Byzantinischen Festung** an der Ostecke des Berges. Ihr heutiges Erscheinungsbild verdankt sie Veränderungen durch die Johanniter, die Osmanen und schließlich die italienischen Restauratoren. Der weite Hof der Zitadelle glüht im Sommer in schattenloser Hitze, aber der *Ausblick* über Rhodos-Stadt und den Nordosten der Insel bis hin zur anatolischen Küste ist großartig.

In einem Bogen kann man zum Kloster zurück und diesmal statt über die Treppe quer über das baumbestandene Gelände des Nordhangs zur winzigen Kirche **Agios Georgios Chostos** wandern, die nicht weit vom Eingang halb im Erdreich vergraben steht. Einschiffig, mit schlichtem Tonnengewölbe, wäre die Ritterkapelle aus dem 15. Jh. kaum bemerkenswert, wenn sie im Innern nicht ganz mit mittelalterlichen *Fresken* ausgeschmückt wäre. Die meisten haben leider sehr unter Feuchtigkeit gelitten, erkennbar sind noch im Gewölbe Szenen aus dem Leben Christi (linke Seite) und Mariens (rechte

Frühchristliches Erbe: Taufbecken einer Basilika des 5./6. Jh. auf dem Filerimos

Romantisches Ambiente: der idyllische Kreuzgang des Johanniterklosters auf dem Filerimos wurde nach seinem Verfall von den Italienern Anfang des 20. Jh. wieder aufgebaut

Sandstrand weit und breit: von Ialyssos über Tris und Ixia bis Rhodos-Stadt säumen Hotels und Restaurants die beliebte Trianda Bay mit ihrer einladenden Bademeile

Seite) sowie der hl. Georg zu Pferd im Giebel. An den Längswänden sind knieende Ritter mit Schild und Wappen zu sehen.

Am südlichen Abhang des Berges sind noch Reste eines dorischen **Brunnenhauses** aus dem 4. Jh. v. Chr. mit sechssäuliger Fassade erhalten, doch ist der Zugang versperrt und der Pfad überwachsen.

Eine schöne Allee mit Schatten spendende Bäumen ist mit Bronzetafeln im heroisierenden Stil der 1930er-Jahre als *Kreuzweg* gestaltet und führt vom Erfrischungskiosk westwärts zu einem **Aussichtspunkt** auf dem äußersten Bergsporn mit einem turmhohen *Betonkreuz*. Auf einer Wendeltreppe nur für Schlanke kann man im Kreuzstamm etwa 13 m hinaufsteigen und genießt von den Kreuzarmen einen der fantastischen Rundumblicke über die Insel.

Westlich vom Parkplatz liegen noch die umzäunten Grundmauern eines kleinen **Byzantinischen Klosters** aus dem 10. Jh. (Zugang meist nicht möglich). Man sieht von außen die Reste einer Kreuzkuppelkirche mit Marmorfußboden und Altarschranke vor der Mittelapsis sowie die vier Säulenbasen, auf denen die Kuppel ruhte.

38 Ialyssos

TOP TIPP

Noble Villen des Klassizismus und moderne Hotels für Tausende von Rhodos-Urlaubern.

Das schon zu Anfang des 2. Jtd. v. Chr. besiedelte Ialyssos, einer der drei alten Stadtstaaten der Insel, ist heute mit *Tris*, *Ixia* und Rhodos-Stadt [Nr. 1] zu einer großen urbanen Siedlung zusammengewachsen. Dieses neuzeitliche Ialyssos liegt etwas abseits von seiner antiken Akropolis auf dem Filerimos [Nr. 37] und zieht sich mit zahllosen Hotels, Apartments und Restaurants an den Sand- und Kiesstränden der **Trianda Bay** entlang. Ihren Namen verdankt die Bucht vermutlich den klassizistischen **Villen** des 19. Jh., deren Anzahl einst 30 (= trianda) betragen haben soll. Einige dieser noblen Bauten aus der Zeit von Ialyssos als exklusivem Wohnort sind erhalten und wurden teils sorgfältig restauriert. Im Gegensatz zu dem Dorf Faliraki an der Ostküste, dem zweiten großen rhodischen Touristenzentrum, hat sich das städtische Ialyssos in seinem ursprünglichen Kern einen eigenen Charakter bewahrt.

Rund 500 m westlich der Hauptkirche *Kimisis tis Theotokou* im Zentrum lohnt die großzügige Einraumkapelle **Agios Nikolaos** aus den frühen 16. Jh. einen Besuch. Unter dem hohen Tonnengewölbe des Kirchenraums, der einst vollständig mit Szenen aus dem Leben Christi und ganzfigurigen Heiligen ausgemalt war, sind noch einige schöne *Fresken* erhalten. Bemerkenswert sind die bereits perspektivisch dargestellten Bildräume sowie die Detailfreudigkeit der Darstellung z. B. bei den Ritterrüstungen – wie besonders eindrucksvoll im unteren Register der Nordwand in der ›Verspottung Christi‹ oder ›Christus in der Vorhölle‹ zu sehen ist.

i Praktische Hinweise

Hotels

*******Rodos Palace**, Trianton Ave., Ixia, Tel. 22 41 02 52 22, Fax 22 41 02 53 50, www.rodos-palace.gr. Luxushotel mit spektakulärer Aussicht über die Ägäis vom Dach des 20 Stockwerke hohen Hotelturms. Das unlängst renovierte Luxushotel lässt Wünsche gar nicht erst aufkommen, so schnell werden sie den Gästen erfüllt.

*****Matoula Beach**, Poseidon Odos, Ialyssos, Tel. 22 41 09 42 51, Fax 22 41 09 19 66. Angenehmes, strandnahes Haus mit familiärer Atmosphäre und hübschem Garten (Durchgang zum Strand). Kühlschrank wird im Zimmer auf Anforderung bereit gestellt.

Restaurants

Kaliva Café-Restaurant, Elefteriou Venizelou, Ialyssos, Tel. 22 41 09 30 51. Spezialitäten des familiären Lokals mit großem Eukalyptus-Baum am Strand sind Fisch und Meeresfrüchte sowie Gemüse.

TOP TIPP **Ta Koupia**, Tris, 2 km südlich Ialyssos, Tel. 22 41 09 18 24. Das Restaurant mit seinem schönen Garten und der rustikal inspirierten Architektur liegt im Villenviertel (ausgeschildert von der Hauptstraße) und besitzt eine der besten Küchen der Insel (ab 19.30 Uhr geöffnet).

Taverna Trata, Ialyssos, Tel. 22 41 09 24 03. Auf der Terrasse direkt am Meer stehen täglich sechs preisgünstige Menüs, aber auch teurere flambierte Gerichte zur Wahl.

Dynamisch, spritzig, aktiv: im rhodischen Urlaubszentrum Ialyssos kommen Surfer und andere Wassersportfans garantiert auf ihre Kosten

Simi und Chalki – Erlebnisfahrten zu den Nachbarinseln

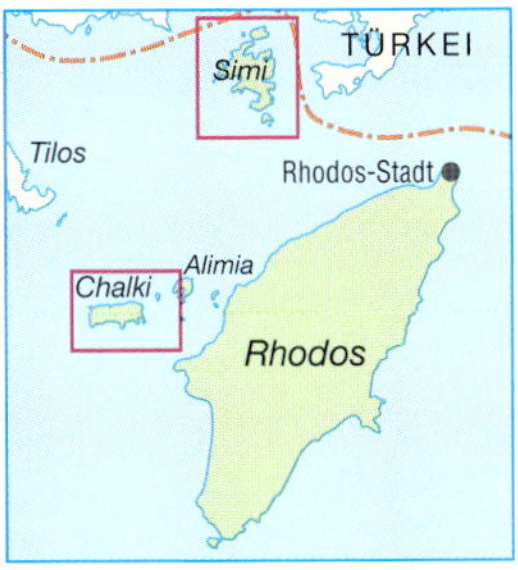

Schiffsausflüge vom Mandraki-Hafen in Rhodos-Stadt oder von Kamiros Skala zu den Eilanden Simi und Chalki sind stets ein herausragendes Erlebnis. Während Simi 42 km nordwestlich von Rhodos schon im Blickfeld der türkischen Halbinseln Bozburun und Datca liegt, erstreckt sich das kleinere Chalki unweit der rhodischen Westküste. Anders als dort prägen kahle und trockene Berghänge ihr Äußeres. *Bilderbuchorte* mit neoklassizistischen ziegelgedeckten Herrenhäusern bilden zur abweisend *felsigen Landschaft* einen reizvollen Kontrast und überraschen so manchen Besucher, der die weißen kubischen Wohnbauten rhodischer Dörfer auch hier erwartet hat. **Simi** ist als Ausflugsziel inzwischen so beliebt, dass täglich mehrere Hundert Urlauber mit den Schiffen aus Rhodos hier landen. Für einige Stunden durchstreifen sie dann nach einem Zwischenstopp im Inselsüden beim Kloster *Moni Panormitis* die steilen Gassen und Treppenwege rund um die malerische Bucht des Hauptortes *Simi* oder genießen die grandiose Aussicht an einem der Restauranttische am Hafen. Auf **Chalki** dagegen, wo den Besucher nicht viel mehr als das hübsche Fischerdorf *Emborio* und eine Badebucht erwarten, bleibt die Inselstille meist ungestört.

39 Simi

Die schönste Nachbarin von Rhodos.

Knappe 2 Std. dauert die Fahrt mit einem der vielen Ausflugsschiffe vom Mandraki-Hafen in Rhodos-Stadt nach Simi. Die Insel kann auch – allerdings seltener – von Kamiros Skala aus angesteuert werden. Auf Simi wechseln abweisende Steilufer mit tief eingeschnittenen Buchten und kleinen *Badeplätzen*, die meist nur per Boot oder auf längeren Wanderungen erreichbar sind. Mit 616 m ist der *Vigla* die höchste Erhebung, der südöstlich aufragende *Kokkinidi* erreicht noch 585 m.

Zur Besichtigung des berühmten Klosters **Moni Panormitis** legen die meisten Schiffe in der idyllischen Bucht im Inselsüden 1 Std. Pause ein. Anschließend geht die schöne Bootsfahrt an Felswänden und kleinen Stränden entlang, immer mit Blick auf die Gebirgszüge des türkischen Festlandes. Dann ist an der Nordküste das Städtchen **Simi** erreicht, der unvergessliche Höhepunkt des Ausflugs.

◁ *Malerische Inselwelt: Blick von Chalki auf die vorgelagerten Eilande und Rhodos* **(oben)**, *das Hafenstädtchen Simi auf Simi* **(unten)**

Wer die Insel länger als nur für wenige Stunden besuchen möchte, findet in Simi sowie inzwischen auch in den winzigen Nachbarorten **Pedi** und **Emborio** einige Hotels, die sogar Strandzugang haben. Eine Badeinsel ist Simi jedoch nicht. Eher zieht sie Erholungssuchende und *Wanderfreunde* an, denen sich mit den kleinen Kirchen und Klöstern, die einsam an Berghängen oder in teils überraschend grünen Tälern überall auf der Insel zu finden sind, reizvolle Ziele bieten.

Eine Bilderbuchschönheit – das Städtchen Simi

Im Norden, wo sich zwei Halbinseln wie die Scheren eines mächtigen Krebses schützend um die weite Bucht von *Gialos* legen, versteckt sich in dem schmalen fjordartigen Einschnitt der einzige größere Ort der Insel, wie diese selbst

TOP TIPP

auch **Simi** ❶ genannt. Der Kapitäne Geschick ist hier gefragt, um die großen Ausflugsschiffe in dem engen Hafenbecken vor der Rückfahrt zu wenden. Eng hintereinander gestaffelt schmiegen sich die zweistöckigen Häuser des 19. Jh. mit ihren weißen und pastellfarbenen neoklassizistischen Fassaden an die steilen Berghänge. Filigran

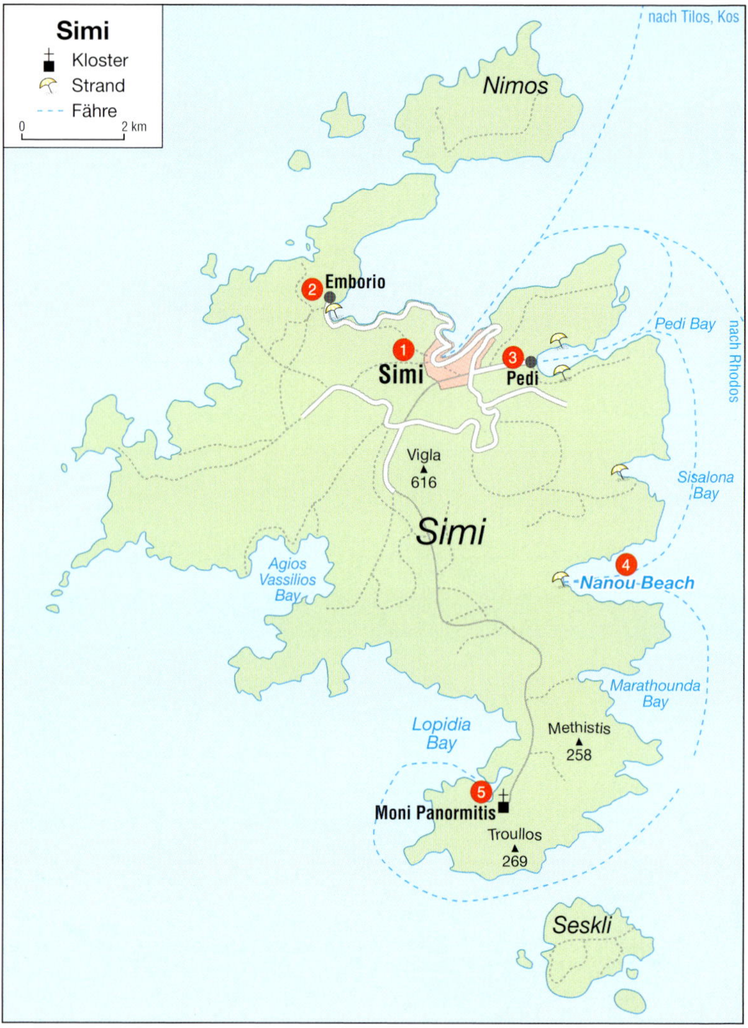

durchbrochene Kirchtürme und eine Kette alter Windmühlen auf dem Hügelgrat über dem Hafenrund setzen malerische Akzente. Mit dieser grandiosen Szenerie zählt Simi zu den schönsten Orten der griechischen Inselwelt.

Geschichte Schon in der Antike waren die Schiffbauer von Simi gesuchte Spezialisten. Als Süleyman der Prächtige 1522 die Johanniterritter von Rhodos überwältigt hatte [s. S. 15], unterwarfen sich die Simioten dem Sieger und wurden dafür von Plünderung verschont. Die Osmanen nahmen im Gegenzug ihre Dienste im **Schiffbau** gern in Anspruch. Mit Holz aus Kleinasien schufen die Simioten große Fischerboote und Segelschiffe, die für ihre Schnelligkeit weithin berühmt waren. Mehrere Werften und ein intensiver Orienthandel bescherten Simi beachtlichen Wohlstand. Eine bedeutende Einnahmequelle war auch die **Schwammfischerei**, die bis zur Erfindung des Synthetikschwamms Mitte des 20. Jh. große Gewinne brachte. Das wirtschaftliche Wohlergehen Simis, welches die prachtvollen Herrenhäuser bis heute bezeugen, fand jedoch mit der **italienischen Besatzung** ab 1912 ein plötzliches Ende. Abgeschnitten von seinen Handelskontakten im kleinasiatischen Hinterland blickte Simi dem unausweichlichen Niedergang ins Auge. Jahrelange Abwanderung zum

Festland reduzierte die Bevölkerung, die Ende des 19. Jh. noch rund 21 000 zählte, bis in die 2. Hälfte des 20. Jh. drastisch.

Der **Tourismus** brachte in den 1970er-Jahren einen neuerlichen Aufschwung, heute leben wieder 3000 Menschen auf Simi. Verfallene Häuser wurden im traditionellen Stil restauriert und das alte Stadtbild wieder hergestellt. Trotz wachsender Besucherzahlen entstanden keine modernen Hotelbauten, die den grandiosen Anblick der Stadt hätten verschandeln können. Einige der ehrwürdigen Herrenhäuser (Archontika-Häuser) wurden in komfortable Unterkünfte umgestaltet, einfache kleine Pensionen und Privatquartiere ergänzen das Angebot an Übernachtungsmöglichkeiten.

Besichtigung Markanter Blickfang an der rechten Seite der Hafeneinfahrt ist der frei stehende **Uhrturm**, der 1881 mit seinen fünf Stockwerken als Symbol des Wohlstands errichtet wurde. Mit seinem grauen Naturstein hebt er sich deutlich ab vor dem Hintergrund des weiß getünchten **Hotel Aliki**, dessen Architektur mit Zinnen und Bogengängen eine Mischung von Palast und Wehrburg darstellt. In den gediegenen Räumen des Hotels unterzeichnete die deutsche Besatzungsmacht am 8. Mai 1945 das Protokoll der Kapitulation. Von hier bietet sich ein schöner Blick auf das Kloster **Moni Evangelismos**, das sich mit seinem filigran durchbrochenen Campanile auf dem Hügel erhebt. Wer den Aufstieg über die steile Treppenstraße zum Klos-

Weiches Gold des Meeres: Naturschwämme sind das beliebteste Souvenir auf Simi

Prachtvolle Herrenhäuser des 19. Jh. säumen die Treppenstraße vom Kai hinauf zum schmucken Kloster Moni Evangelismos über dem Hafen von Simi

Die alten Windmühlen auf dem Bergrücken über Simi werden nun wieder hergerichtet

ter auf sich nimmt, wird mit einem traumhaften *Panorama* der Bucht von Simi mit ihren beiden Ortsteilen belohnt. Direkt gegenüber schmiegt sich die Oberstadt *Chorio* in den schroffen Abhang, unterhalb und rund um das Hafenbecken breitet sich die Unterstadt *Gialos* aus. Auf dem Rückweg zum Uhrturm lohnt ein kurzer Abstecher am Ufer entlang hafenauswärts zu der kleinen **Werft**, die als einzige auf der Insel bis heute in Betrieb ist. Einige Schritte weiter öffnet sich ein schmaler *Kiesstrand* mit einer einfachen Taverne.

Wieder am Uhrturm angelangt, schlendert man im Getümmel der Ausflügler zwischen den beschirmten Tischen von *Tavernen* und *Souvenirständen* mit importierten Naturschwämmen aus Kalymnos oder Florida, Gewürzkräutern aus aller Welt sowie Muscheln, Ikonen und Textilien am Kai entlang. Wenige Schritte hinter dem Anleger lädt das **Sea Sponge Center** zu einer informativen Dia-Show über den gefahrvollen Beruf der Schwammfischerei ein. Anschließend passiert man auf der rechten Seite eine aus Beton gegossene Replik des großen **Felsreliefs** der Akropolis von Lindos mit der Darstellung eines Kriegsschiffes [s. S. 71]. Sie soll erinnern an die Übergabe der Dodekanes-Inseln an Griechenland nach dem Zweiten Weltkrieg.

Einige Meter weiter ist eine kleine Brücke erreicht, hinter der sich ein großzügiger Platz mit dem repräsentativen **Rathaus** und dem prächtig restaurierten Herrenhaus öffnet, in dem das **Nautische Museum** (Juli–Sept. tgl. 11–15 Uhr) untergebracht ist. Gezeigt werden einige historische Fotos zum Thema Schiffsbau, außerdem Schiffsmodelle, Muscheln und ein alter Taucheranzug der Schwammfischer.

Hübsche Gassen, in deren Schatten kleine Tavernen mit Tischen im Freien zu einer Erfrischung einladen, führen von der Platia ins Herz von **Gialos**. Winzige Geschäfte mit Lebensmitteln, schicke kleine Boutiquen, Souvenirläden und weitere Restaurants verlocken zu einem Bummel, bevor man den Aufstieg in die reizvolle Oberstadt **Chorio** beginnt. Auf der breiten gepflasterten **Kali Strata** (= gute Straße) geht es von der östlichen Hafenseite über etwa 380 Stufen aufwärts. An eine Geisterstadt erinnern die *Ruinen* prächtiger Herrenhäuser am Beginn der Gasse, die einem gegen die hier stationierten Briten gerichteten Bombenangriff der Deutschen im Zweiten Weltkrieg zum Opfer fielen und bisher nicht wieder aufgebaut wurden. Meist schattenlos führt die steile Kali Strata weiter durch dieses alte Viertel mit seinen dicht an dicht stehenden Häusern. Da fällt es schwer, der Einladung mehrerer Restaurants und Kafenia am Wege zu widerstehen. Doch wird die Mühe des Aufstiegs zum **Burgfelsen**, wo neben der *Panagia-Kirche* des 19. Jh. noch spärliche Reste einer antiken *Akropolis* und die Mauern der Johanniterburg aus dem 13. Jh. erkennbar sind, durch einen atemberaubenden Fernblick über Buchten und Gebirge belohnt.

Noch höher hinauf führt die Gasse zu den alten **Windmühlen** auf dem Bergkamm, die nun teilweise restauriert und als Gästehäuser hergerichtet wurden. Von hier oben überblickt man nicht nur das grandiose Hafenrund Simis, sondern auch die weiter östlich gelegene Nachbarbucht von *Pedi* sowie die westlich gelegene Siedlung *Emborio*.

Auf dem Rückweg empfiehlt sich ein Besuch des **Heimatmuseums** (Di–So 8.30–15 Uhr), das im Gewirr der Gassen von Chorio allerdings nur mithilfe der Hinweisschilder zu finden ist. In einer liebevoll arrangierten Ausstellung sind archäologische Funde von der Bronzezeit bis zur hellenistischen Spätzeit (1. Jh. v. Chr.) zu sehen, darunter sehr eindrucksvolle, aus Ton gefertigte Grabmasken aus dem 5. Jh. v. Chr. Auch Möbel, Trachten und Kunsthandwerk des 18. und 19. Jh. gehören zur Sammlung.

Kleine Weiler und schöne Strandbuchten – Emborio und Pedi

Das kleine, lediglich von einem Dutzend Menschen bewohnte **Emborio** 2 etwa 2 km nordwestlich von Simi war bislang nur mit dem Taxiboot oder über eine schmale Piste von Gialos aus zu erreichen. Im Jahr 2002 wurde dieser Pfad verbreitert und asphaltiert. In einer guten halben Stunde gelangt man zu Fuß zu diesem Weiler. Ziel von Besuchern ist der abgelegene Ort nur während der Sommermonate und zwar wegen seinem ruhigen, lang gestreckten **Kiesstrand** in der sichelförmigen Bucht. Als Schutz vor Seeigeln sind Badeschuhe zu empfehlen. Am Strand entlang und vorbei an der *Taverne Metapontis*, die auch Zimmer vermietet, führt der Weg hinter zwei Tamarisken über weiß getünchte Treppen hinauf zu drei kleinen Kirchen und den Resten einer frühchristlichen **Basilika**. Unter einem Schutzdach sind Teile von Mosaiken mit schönen Tierdarstellungen erhalten. Erkennbar sind zwei große Vögel, Hirsche, ein Wildschwein und ein Kamel, das von einem Mann geführt wird. Weiter hügelaufwärts stößt man auf ein umzäuntes Areal, in dem die **Dodekaspilia** liegen. Diese zwölf unterirdisch miteinander verbundenen Gewölbe sind vermutlich Reste einer alten Zisternenanlage.

Im Gegensatz zu Emborio besitzt das 2 km östlich von Simi gelegene Dorf **Pedi** 3 mit seinen etwa 80 Einwohnern sogar eine Busverbindung. Gerahmt von einem Bergsattel liegt Pedi in einem sanft zur langen schmalen Bucht hin abfallenden fruchtbaren Tal, in dem zahlreiche *Olivenbäume* einen frischen grünen Akzent vor dem trockenen Grau der Umgebung setzen. Der schmale schattenlose Streifen Strand wird von der staubigen Uferstraße begrenzt und ist daher kein sehr attraktiver Badeplatz. Allerdings befinden sich hier mit schönem Ausblick auf die Bucht mehrere *Tavernen* und seit einigen Jahren auch das größte *Hotel* der Insel. Den Luxus von Baumschatten, Liegestuhlverleih und regelmäßig frisch aufgeschüttetem Sand bietet 20 Min. Fußweg entfernt am Südufer der Bucht der kleine **Agios Nikolaos Beach**. Eine Taverne offeriert Erfrischungen und griechische Gerichte.

Am nördlichen Ende der Bucht öffnet sich der 200 m lange **Agia Marina Beach**, der seinen Namen der kleinen Kirche auf der vorgelagerten Felseninsel verdankt. Der Kies- und Sandstrand mit Sonnenschirmen, Liegestühlen und Taverne wird von Pedi aus von Booten angesteuert. Zu Fuß ist er in 40 Min. über einen Ziegenpfad zu erreichen, der bei den Windmühlen in der Oberstadt von Simi beginnt. Weitere Badebuchten sind nur per Boot zu erkunden. Als schönste unter ihnen gilt der von einem Olivenhain gesäumte lange **Nanou Beach** 4 an der Südküste, der von Pedi und Simi aus angelaufen wird. Beliebt wegen ihres klaren Wassers ist die Bucht vor allem auch bei Tauch- und Schnorchelfans.

Berühmte Pilgerstätte – Moni Panormitis

Kurvenreiche 24 km über das Inselgebirge führt eine asphaltierte Straße vom Städtchen Simi zum Kloster **Moni Panormitis** 5 (TOP TIPP), das sich mit seinen Pilgerherbergen und dem Klostertrakt mit prächtigem Glockenturm in eine kesselförmige Bucht im Inselsüden schmiegt. Die meisten Besucher kommen jedoch mit den Ausflugsschiffen von Rhodos, die hier für 1 Std. am Anleger festmachen.

Zeichen erfüllten Glaubens: Votivtäfelchen in der Klosterkirche des Moni Panormitis

Farbenfreude und Formenschwung: der erst 1905 entstandene Glockenturm ist weithin sichtbarer dekorativer Blickfang des Klosters Moni Panormitis

Staunend betrachtet man die ausgedehnten zweistöckigen **Herbergsgebäude** am Kai, die den Klosterhof flankieren. Sie bieten Unterkunft für über 500 Pilger und demonstrieren durch ihre Größe die religiöse Bedeutung des Konvents als eine der wichtigsten Wallfahrtsstätten des Dodekanes. Vermutlich wurde das dem Erzengel Michael geweihte **Kloster** bereits im 6. Jh. gegründet, in seiner heutigen Gestalt stammt es jedoch aus dem späten 18. Jh., der dekorative durchbrochene **Glockenturm** wurde erst 1905 errichtet. Die 1783 erbaute **Kirche** im schwarz-weiß gepflasterten Klosterhof birgt die wundertätige *Ikone* des hl. Michael, die im Mittelpunkt der Verehrung steht. Das kostbare Bild befindet sich unter schwerem Silberrelief an der aus Zypressenholz geschnitzten *Ikonostase* und zeigt den Erzengel als Drachentöter und Überwinder Luzifers. Eine zweite Ikone mit der überlebensgroßen Darstellung des hl. Michael in prächtiger Silberrüstung an der Wand rechts von der Ikonostase ist mit Reihen von Votivtäfelchen behängt. Eine Stifterinschrift im Schwert des Drachentöters nennt das Datum 1724. Mit seinem von den unzähligen, jahrhundertelang benutzten Kerzen rauchgeschwärzten Deckengewölbe und den dutzendweise davon herabhängenden messinggoldenen Lampen wirkt der *Kirchenraum* festlich und geheimnisvoll. Die Wände schmücken *Fresken* der Simioten Nikitas und Michailos Karakostis mit ganzfigurigen Heiligen, deren Nimben im Dunkel der Kirche besonders intensiv zu glänzen scheinen.

Lohnend ist ein Rundgang um den Klosterhof auf der zweigeschossigen **Galerie**, die von den Mönchen für die Besucher geöffnet wird. Auf schmalen Treppen steigt man hinauf bis auf das Dach und genießt von dort den herrlichen *Ausblick* auf die Bucht. Zwei kleine **Museen** im Hof zeigen zum einen Geräte des Alltagslebens des 18.–20. Jh., zum anderen in einer größeren Raumfolge ein Sammelsurium von Kostbarkeiten und frommen Objekten: einige Fabergé-Silberikonen und das Porzellangeschirr des Klosters aus der Zeit um 1930, Votivbilder kleiner Kinder aus Wachs, präparierte Krokodile sowie eine ganze Kammer voller Modelle von Seglern und Dampfschiffen, die von den Seeleuten zum Dank für die Errettung aus Sturm und Seenot gestiftet wurden.

i Praktische Hinweise

Information: Reisebüro Simi-Tours, Kostas Sikalos, Simi, Paralia Gialou, Tel. 22 46 07 13 07, Fax 22 46 07 00 11

Schiff

Ausflugsboote ab Mandraki-Hafen in Rhodos-Stadt. In der Saison tgl. Abfahrt 9 Uhr und später, Rückfahrt ab Simi 7–17 Uhr.

Autofähre ab Emborio-Hafen in Rhodos-Stadt. Viermal pro Woche, Personenfähre im Sommer zweimal tgl. ab Mandraki-Hafen (auch Tragflächenboote, 50 Min. Überfahrt).

Hotels

Längs der Uferstraße rund um das Hafenbecken von Simi stehen mehrere kleine, einfache Hotels. Groß ist das Angebot an Privatunterkünften.

***__Nireus__, Simi, beim Uhrturm am Hafen, Tel. 22 46 07 24 00-3, Fax 22 46 07 24 04. Der elegante freundliche Familienbetrieb bietet Zimmer mit schönster Aussicht direkt an der Hafenpromenade. Die Terrasse des Café Avra vor dem Hotel ist Treffpunkt von Einheimischen und Touristen.

***__Niriides Apartment__, Nimborio, ca. 70 m vom Strand, Tel./Fax 22 46 07 17 84. Zehn Apartments mit Kochnische, freundlich familiär.

**__Kokona__, Simi, 100 m vom Hafen, Tel. 22 46 07 14 51, Fax 22 46 07 26 20. Zimmer mit Balkon, Frühstücksterrasse.

Restaurants

Meraklis, Simi, in einer schmalen Stichstraße nahe der Hafenfront, Tel. 22 46 07 10 03. Beliebte alte Taverne mit traditionellen Gerichten zu moderaten Preisen und freundlichem Service.

Mylopetra, Rathausplatz, Simi, Tel. 22 46 07 23 33. Das Edelrestaurant in einer restaurierten Mühle bietet allerlei mediterrane Delikatessen, die allerdings ihren Preis haben.

Syllogos, Platia von Chorio, Simi, Tel. 22 46 07 21 48. Exzellentes Restaurant mit Café und Bar in der Oberstadt, das den steilen Aufstieg lohnt. Besondere Spezialität des Kochs, dessen Feingefühl für Kräuter gerühmt wird, ist z. B. das Hühnchen mit Pflaumen.

40 Chalki

Stille Strände auf der Insel des Friedens und der Freundschaft.

Nur 28 km^2 groß ist die karstige vor der Westküste von Rhodos gelegene Felseninsel Chalki. Ihre 300 Einwohner leben im heute einzigen bewohnten Ort *Emborio*, dessen prachtvolle Herrenhäuser des 19. Jh. an den einstigen Wohlstand der Insel erinnern. Die *Kargheit* der Landschaft und der Mangel an bedeutenden Attraktionen hält den **Tourismus** in Grenzen. Die wenigen Sehenswürdigkeiten Chalkis müssen auf steinigen, schattenlosen Pfaden erwandert werden, denn außer der Verbindung Emborio – Chorio hat die Insel keine Straßen und daher auch kaum

Traditionelle Gastlichkeit im Herzen von Simi bietet die schlichte Taverne Meraklis

Autoverkehr. Es gibt weder lange Strände noch antike Ruinenstätten und auch kaum Hotels, nur eine Reihe von Apartments und Privatzimmern. Die meisten Besucher sind Ausflügler, die schon nach wenigen Stunden nach Rhodos zurückkehren. Wer jedoch **Erholung** in Abgeschiedenheit sucht und keine hohen Ansprüche an Luxus und Komfort stellt, wird die Stille der Insel gerne bei einem längeren Aufenthalt genießen.

Von Kamiros Skala [Nr. 33] dauert die **Überfahrt** nach Chalki nur 75 Min. Immer die Westküste von Rhodos im Blick, bei guter Sicht auch das türkische Ufer und Simi, fährt man an unbewohnten kleinen Felsinseln und dem grünen Eiland *Nisaki* (= Inselchen) vorbei, das Privatbesitz einer Reederfamilie ist, bis zur malerischen Hafeneinfahrt von Emborio.

Geschichte Archäologische Funde belegen eine Besiedlung Chalkis sowie der Nachbarinsel Alimia bereits im Neolithikum. In der Antike waren sie dem rhodischen Stadtstaat Kamiros unterstellt, damals kam auch der Apollonkult nach Chalki, den die um 1000 v. Chr. auf Rhodos eingewanderten dorischen Griechen mitgebracht hatten. In **Chorio**, dem damaligen Hauptort Chalkis, wurde ein Apollonheiligtum errichtet, das im 6. Jh. n. Chr. von einer byzantinischen Burg abgelöst wurde. Anfang des 14. Jh. übernahmen die Johanniter die Festung und verstärkten sie. Nach der Eroberung durch die Osmanen 1522 verlor Chalki jedoch seine militärische Bedeutung.

Seither lebten die Bewohner zumeist von der **Schwammfischerei**, die ihnen lange Zeit beachtlichen Wohlstand bescherte. Viele zogen nun in den Hafenort **Emborio**, wo sie ihre Boote ankerten, und Chorio verfiel. Als Chalki mit der Erfindung des Synthetikschwamms um die Mitte des 20. Jh. seine Haupteinnahmequelle verlor, wanderte ein Großteil der damals noch 4000 Chalkioten aus, nach Rhodos, Athen oder Tarpon Springs in Florida, einem amerikanischen Zentrum der Naturschwammbearbeitung. Die übrigen suchten im Fischfang ihr Auskommen oder fanden im bescheidenen **Tourismus** der Insel ihren Erwerb.

Um den verbliebenen 300 Einwohnern Anreiz zum Bleiben zu geben, wurde Chalki 1982 von der UNESCO der Titel ›Insel des Friedens und der Freundschaft für die Jugend der Welt‹ verliehen und zusammen mit der griechischen Regierung ein Programm geschaffen, das neben der Instandsetzung der alten Herrenhäuser

Eine Augenweide: der Hafenort Emborio mit seinen pastellfarbenen Häusern und der Kirche Agios Nikolaos ist erstes reizvolles Ziel für Besucher der Insel Chalki

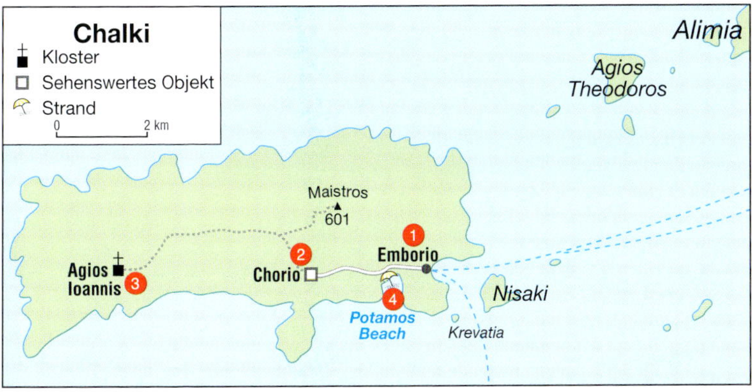

die dauerhafte Einrichtung Chalkis als Treffpunkt und als Studienort internationaler Jugendgruppen zum Ziel hat. Seither ist die **Students Conference** eine regelmäßige Veranstaltung, die jeden Herbst junge Leute aus aller Welt auf die Insel bringt und ihr ungewohnte Betriebsamkeit beschert.

Besichtigung Größte Attraktion Chalkis ist der Hafenort **Emborio** 1, dessen weiß und pastellfarben getünchte zweigeschossige Häuser sich malerisch vor dem türkisblauen Wasser und den kahlen Felshängen im Hintergrund abheben. Die renovierten alten *Windmühlen* auf dem Bergrücken über Emborio zeigen, dass auf der Insel trotz ihrer Kargheit und des Wassermangels einst Getreide angebaut wurde. Reizvoller Akzent in der Kulisse des Ortes ist der vierstöckige, in frischem Weiß, Gelb und Blau leuchtende durchbrochene *Glockenturm* der Kirche **Agios Nikolaos**, der Anfang des 19. Jh. frei stehend neben dem Gotteshaus aus dem 18. Jh. errichtet wurde. Ungewöhnlich schmuckvoll und ornamentreich ist das *Chochlaki-Pflaster* mit seinen symbolischen Motiven im Kirchhof, das 1867 entstand. Im Inneren der *Kirche*, einem einschiffigen Bau mit Kreuztonnengewölbe, wurde auf der Empore ein kleines *Museum* eingerichtet (Mo 9–12, Mi 12–14, Sa 10–12 und 19–21, So 11–13 Uhr). Zu sehen sind prächtige geschnitzte und reich vergoldete Ikonostasen, Ikonen sowie liturgische Gefäße und religiöse Drucke. Oberhalb der Kirche steht das repräsentative *Rathaus* des 19. Jh. mit seiner geschwungenen Freitreppe vor der neoklassizistischen Fassade und schönem Arkadengang, das ursprünglich als Schule genutzt wurde.

Von der Platia am Hafen erreicht man auf der einzigen Inselstraße den verlassenen und seit Mitte des 19. Jh. dem Verfall preisgegebenen Ort **Chorio** 2 etwa 3 km landeinwärts. Die Ruinen der Wohnhäuser scheinen mit dem steilen Berghang, an den sie sich schmiegen, zu verschmelzen. Blickfang in dieser gespenstischen Szenerie sind die auf dem Grat thronenden Reste des Kastros und einige verstreut zwischen Olivenbäumen und

Größte Attraktion von Emborio ist die Kirche Agios Nikolaos mit ihrem schönen Glockenturm und Chochlaki-Pflaster

Ruhe und Komfort: in der halbrunden Bucht von Potamos Beach lädt der einzige Sandstrand von Chalki mit Liegestühlen und Sonnenschirmen zu entspannten Badefreuden ein

Macchia stehende weiß getünchte Kirchen, die teils über 1000 Jahre alt sind. Am Fuße des Berges liegt die Kapelle **Sotirou Christou**, in deren Mauerwerk zahlreiche antike Bauteile zu erkennen sind. Stufen führen hinauf zur größten Kirche **Panagia i Choriani**, der eine riesige Zypresse Schatten spendet. Zum 14./15. August wird jedes Jahr ein imposantes Kirchweihfest veranstaltet. Auf dem hinter ihr beginnenden rot markierten Pfad hinauf zum Kastro passiert man nach wenigen Schritten rechts die älteste Kirche Chalkis. Die bescheidene kleine Kapelle **Palia Panagia** entstand bereits 890 und zeigt sich seit ihrer Renovierung 1971 wieder in frischem Weiß. In dem winzigen Innenraum sind noch einige spärliche Reste mittelalterlicher Fresken erhalten.

Nach kurzem Aufstieg zur steinigen Anhöhe über dem Ort ist die zinnenbekrönte Nordmauer des **Kastros** erreicht, das an der Stelle der antiken Akropolis von Chorio errichtet wurde. Eindrucksvoll lässt sich an dem *Mauerwerk* die wechselvolle Geschichte der Burg ablesen: Die unteren Lagen bestehen aus hellenistischen Quadern des 4./3. Jh. v. Chr., darüber folgt byzantinisches Mauerwerk des 6. Jh. n. Chr., die Schwalbenschwanzzinnen stammen aus der Zeit der Johanniter im 14. Jh. Über der Pforte in dem stattlichen Tor ist das *Wappen* des Ordens-Großmeisters Pierre d'Aubusson erkennbar. Dahinter steht zwischen den überwachsenen Trümmern des Kastros die halb verfallene spätbyzantinische Burgkapelle **Agios Nikolaos**, deren Freskenschmuck unter freiem Himmel völlig der Verwitterung preisgegeben ist. Vor dem Abstieg sollte man noch einmal den grandiosen *Panoramablick* genießen, der über die karstigen Hügel Chalkis und Emborio hinweg bis zur Nachbarinsel Alimia und hinüber zum Kastell Kamiros an der rhodischen Westküste reicht.

Ein Wanderziel im Inselwesten, etwa 3 Stunden von Chorio entfernt, ist das Kloster **Agios Ioannis** 3, das jedoch nur auf schattenlosen Gebirgswegen zu erreichen ist. In der *Klosterkirche*, die umgeben von einigen Pilgerzellen unter einer mächtigen Zypresse in der kahlen Landschaft steht, sind interessante Ikonen des 17. Jh. zu bewundern. Zahlreiche Weihegaben kennzeichnen das Gotteshaus als Wallfahrtsziel der Chalkier. Aus dem 25 m tiefen *Brunnen* im Klosterhof kann der Wanderer quellkühles Wasser schöpfen, um seinen Durst zu stillen.

Erholsamer ist ein Sommertag am **Potamos Beach** 4, nur 15 Min. Fußweg vom Schiffsanleger entfernt. Der beliebte, weil einzige *Sandstrand* der Insel liegt in einer schönen, geschützten Bucht westlich von Emborio und bietet den Komfort von Sonnenschirm- und Liegestuhlverleih sowie eine Taverne. Idyllisch ist die Kulisse der kargen Felsenhöhe, auf der eine weiße Kapelle steht, sowie der Olivenhaine und bis in den Frühsommer hinein grünen Felder zu Füßen des Bergmassivs.

Praktische Hinweise

Information: Rathaus, Emborio, Tel. 22 46 04 52 07. Vermittlung von Apartments und Ferienhäusern. – Reisebüros Zifos Travel, Tel./Fax 22 46 045028 und Chalki Tours, Tel. 22 46 04 52 81, Fax 22 46 04 52 19, Emborio, am Schiffsanleger. Vermittlung von Bootsausflügen.

Schiff

Fähre ab Handelshafen in Rhodos-Stadt nach Emborio, in der Hochsaison zweimal pro Woche.

Fähre ab Kamiros Skala nach Emborio, tgl. 14.30 Uhr, Rückfahrt ab Emborio nach Kamiros Skala, tgl. 6 Uhr, So und Mi auch 16 Uhr.

Tagesausflüge ab Kamiros Skala, So und Mi 9 Uhr. Auskünfte über Fahrplanänderungen bei den Reisebüros.

Griechische Romantik im abendlichen Lichterschein: Hafentaverne in Emborio

Restaurant

Taverna Potamos, Potamos Beach, Tel. 22 46 04 52 95. Auf der schattigen Gartenterrasse unmittelbar über dem Strand kann man köstliche Kalamari und andere Meeresfrüchte sowie Fisch- und Fleischgerichte genießen.

Schiff ahoi: kleine Ausflugsboote und große Fähren bieten eine regelmäßige Verbindung von Rhodos zu den Nachbarinseln Simi und Chalki an

Statis
VERMIETEN
Wier
MOTORRAD

Rhodos aktuell A bis Z

Vor Reiseantritt

ADAC Info-Service:
Tel. 0 18 05 / 10 11 12, Fax 30 29 28 (0,12 €/Min.)

ADAC im Internet:
www.adac.de
www.adac.de/reisefuehrer

Rhodos im Internet:
www.gnto.gr

Griechische Zentrale für Fremdenverkehr (GZF):

Deutschland
Wittenbergplatz 3a, 10789 Berlin,
Tel. 0 30/2 17 62 62, Fax 0 30/2 17 79 65,
info-berlin@gzf-eot.de

Neue Mainzer Str. 22,
60311 Frankfurt/M.,
Tel./Fax 0 69/25 78 27 29,
info@gzf-eot.de

Neuer Wall 18, 20354 Hamburg,
Tel. 0 40/45 44 98, Fax 0 40/45 44 04,
info-hamburg@gzf-eot.de

Pacellistr. 5, 80333 München,
Tel. 0 89/22 20 35, Fax 0 89/29 70 58,
info-muenchen@gzf-eot.de

Österreich
Opernring 8, 1010 Wien,
Tel. 01/5 12 53 17, Fax 01/5 13 91 89,
grect@vienna.at

Schweiz
Löwenstr. 25, 8001 Zürich,
Tel. 0 12 21 01 05, Fax 0 12 12 05 16,
eot@bluewin.ch

Allgemeine Informationen

Reisedokumente

Reisende aus Deutschland, Österreich und der Schweiz benötigen einen gültigen **Reisepass** oder **Personalausweis**. Für Personen unter 16 Jahren genügt ein Kinderausweis (ab 10 Jahren mit Foto) oder ein Eintrag im Elternpass.

Kfz-Papiere

Nötig sind Führer- und Fahrzeugschein. Die *Internationale Grüne Versicherungskarte* ist sehr zu empfehlen, ebenso *Kurzkasko-* und *Insassenunfallversicherung*.

Krankenversicherung

Anspruchsausweis der Krankenkasse, zudem eine **Auslandsreise-** und **Rückholversicherung** mit uneingeschränkter Kostenübernahme abschließen.

Hund und Katze

Für **Haustiere** werden eine Tollwutimpfbescheinigung (mindestens 15 Tage und höchstens 12 Monate alt) sowie ein amtstierärztliches Gesundheitszeugnis benötigt.

Seit Juli 2004 gibt es einen EU-weit einheitlichen, vom eigenen Tierarzt ausgestellten EU-Tierpass, der alle für die Einreise erforderlichen Gesundheitsdaten enthält.

Zollbestimmungen

Es ist verboten, **Antiken** aus Griechenland auszuführen!

Reisebedarf für den persönlichen Gebrauch darf abgabenfrei mitgeführt werden. Richtmengen für Reisende aus **EU-Ländern** sind: 800 Zigaretten, 400 Zigarillos, 200 Zigarren, 1 kg Tabak, 10 l Spirituosen, 20 l Zwischenerzeugnisse, 90 l Wein (davon max. 60 l Schaumwein), 110 l Bier. Für **Nicht-EU-Länder** gelten folgende Höchstgrenzen: 200 Zigaretten, 100 Zigarillos, 50 Zigarren oder 250 g Tabak, 1 l Spirituosen, 2 l Wein.

Geld

Die gängigen **Kreditkarten** werden in Banken, Hotels und zahlreichen Geschäften akzeptiert. An *EC-Geldautomaten* kann man rund um die Uhr Geld abheben. Auch mit der *Postbank SparCard* erhält man an VISA-PLUS-Automaten rund um die Uhr Geld.

◁ *Abwechslungsreiche Erlebnisinsel Rhodos: reizvolle Badestrände mit einladenden Tavernen* **(oben)**, *luftig-sportliche Zweirad-Mobilität und attraktives Kunsthandwerk als Souvenir* **(Mitte)**, *unterhaltsam schwungvolle Folkloreshows* **(unten)**

Tourismusämter im Land

EOT Greek National Tourism Organization, Directorate for the Dodecanese, Ecke Makariou Odos / Papagou Odos, 85100 Rhodos, Tel. 22 41 04 43 36, Fax 22 41 02 69 55, eot-rodos@otenet.gr

Auskünfte erteilen ferner **private Agenturen**, die zudem Flug- und Fährtickets, Ferienwohnungen und Ausflüge vermitteln (Adressen bei den Ortsbeschreibungen unter ›Praktische Hinweise‹).

Vereinigung der Hoteliers von Rhodos: Ploutarchou Blessa 3, 85100 Rhodos, Tel. 22 41 07 45 55, Fax 22 41 07 45 58, hotels-asoc@rodosisland.gr

Golden Sun Holidays, Odos Michail Petridis 22, Tel. 22 41 02 45 92, Fax 22 41 03 04 67, www.rhodes-goldensun-meetings-incentives.com.

Informationen in englischer Sprache u. a. über Flug- und Schiffslinien, Busverbindungen, Hotels enthält das rund 500 Seiten starke Monatsmagazin **gtp – Greek Travel Pages** (www.gtp.gr) bzw. die gleichartige Veröffentlichung **Hellenic Travelling**, Tel. 21 09 94 01 09, Fax 21 09 93 65 64

Der deutschsprachige ›Rhodos-Kurier‹, eine touristische Zeitung, wird gratis u. a. in Hotels verteilt.

Notrufnummern und Adressen

Europäischer Notruf: Tel. 112 (Notarzt, Polizei, Feuerwehr und Küstenwache, kostenlos, in englischer und französischer Sprache)

Polizei: Tel. 100

Unfallrettung: Tel. 166

Pannenhilfe: Tel. 104

Touristenpolizei Rhodos-Stadt: Tel. 22 41 02 33 29, 22 41 02 74 23

ADAC-Notrufstation Athen: Tel. 21 09 60 12 66 (ganzjährig)

ADAC-Notrufzentrale München: Tel. 00 49/89/22 22 22 (rund um die Uhr)

ADAC-Ambulanzdienst München: Tel. 00 49/89/76 76 76 (rund um die Uhr)

Österreichischer Automobil Motorrad und Touring Club
ÖAMTC Schutzbrief-Nothilfe: Tel 00 43/(0)1/2 51 20 00

Touring Club Schweiz
TCS Zentrale Hilfsstelle: Tel 00 41/(0)2 24 17 22 20

ADAC-Partnerklub: Automobil- und Touringklub von Griechenland *Elliniki Léschi Periigíseon kai Aftokinítou (ELPA)*, Odos Messogion 2–4, 15343 Athen, Tel. 21 06 06 88 00, Fax 21 06 06 89 21, www.elpa.gr

Gesundheit

Apotheken: Kenntlich am Schild über dem Eingang (Kreuz im Kreis) und an der Bezeichnung Farmakeion: Mo/Mi 8–14.30, Di/Do/Fr/Sa 8–14 und 17–20 Uhr. Notdiensthinweise an der Türe.

Krankenhaus in Rhodos-Stadt: Agios Apostolou, Tel. 22 41 08 00 00, Notaufnahme Tel. 22 41 08 01 81.

Diplomatische Vertretungen

Deutsche Botschaft, Karaolie Dimitriou 3, 10675 Athen, Tel. 21 07 28 51 11, Fax 21 07 25 12 05, Mo–Fr 9–12 Uhr

Österreichische Botschaft, Basilis Sofias 4, Tel. 21 07 25 72 70, Fax 21 07 25 72 92, Mo–Fr 10 –12 Uhr

Schweizer Botschaft, Iassiou 2, 11521 Athen, Tel. 21 07 23 03 64-6, Fax 21 07 24 92 09, Mo–Fr 10–12 Uhr

Besondere Verkehrsbestimmungen

Höchstgeschwindigkeiten: innerorts 50 km/h. Pkw ohne und mit Anhänger außerhalb geschlossener Ortschaften 110 km/h, auf Schnellstraßen und Autobahnen 120 km/h. Motorräder außerorts höchstens 80 km/h.
Autofahrer müssen sich anschnallen, Motorradfahrer einen Helm tragen. Auf Straßen mit gelben Randbegrenzungen und auf ausgeschilderten Vorfahrtsstraßen gilt Parkverbot. Telefonieren während der Fahrt ist nur mit Freisprechanlage erlaubt.

Promillegrenze: 0,5

Zeit

MEZ + 1 Stunde, Beginn und Ende der Sommerzeit zugleich mit Deutschland.

Anreise

Flugzeug

Von zahlreichen Flughäfen in Deutschland, Österreich und der Schweiz gibt es direkte Charterflüge nach Rhodos.

Mehrere Fluggesellschaften bieten innereuropäische Linienflüge nach Athen zum

International Airport Eleftherios Venizelos, 19004 Spata, 21 km östl. von Athen, Tel. 21 03 53 00 00, Fax 21 03 53 22 84, www.aia.gr.

Diagoras Airport (14 km südlich von Rhodos-Stadt): Tel. 22 41 08 87 00

Schiff

Mehrere Reedereien bieten Fährverbindungen von Piräus nach Rhodos an, in der Hauptreisezeit täglich. Nonstopp dauert die Überfahrt etwa 17 Std., mit Zwischenstopp auf anderen Inseln des Dodekanes oder der Kykladen entsprechend länger. Bei den Fremdenverkehrsämtern [Griechische Zentrale für Fremdenverkehr s. S. 125] sind Fahrpläne erhältlich. Routen und Abfahrtszeiten ändern sich jedoch häufig. Aktuelle Informationen gibt es im Internet: www.gtp-net.com

Bank, Post, Telefon

Bank

Banken (*Trapeza*) sind Mo–Do 8–14.30, Fr 8–14 Uhr geöffnet. Private Wechselstuben haben bis abends geöffnet, nehmen aber meist extra Gebühren.

Post

Postämter (*Tachydromeia*) sind Mo–Fr 7.30–14.30/15 Uhr geöffnet, die Hauptpost an der Platia Elefterias in Rhodos-Stadt Mo–Fr 7.30–20, Sa 7.30 – 14 Uhr.

Telefon

Internationale Vorwahlen:
Griechenland 00 30
Deutschland 00 49
Österreich 00 43
Schweiz 00 41

In Griechenland sind die Teilnehmernummern zehnstellig. Die früheren Vorwahlen wurden integriert und müssen nun immer, auch bei Ortsgesprächen, mitgewählt werden.

Telefonauskunft, Tel.1 18 88

Am günstigsten telefoniert man über die halbstaatlichen Telefonämter der **OTE** (*Organismos Tilepikoinonion Ellados*). Für Ferngespräche wählt man selbst in einer Kabine und zahlt anschließend am Schalter. 22–6 Uhr gilt der Billigtarif.

Das **Kartentelefon** ist auch auf Rhodos selbstverständlich geworden. In OTE-Büros sowie an Kiosken und in Zeitungsläden bekommt man Telefonkarten.

Handelsübliche **GSM-Mobiltelefone** können auf Rhodos benutzt werden.

Einkaufen

Die **Öffnungszeiten** der Geschäfte variieren zum Teil beträchtlich. Grundsätzlich gilt Mo–Fr 9–13.30 und 16–20 Uhr, Sa 9–14 Uhr. In den Touristenzentren haben viele Läden während der Saison bis 22 Uhr und länger geöffnet, teilweise auch So. Manche Geschäfte schließen Mo oder Mi sowie Sa nachmittags.

Souvenirs

Rhodos-Stadt und Lindos bieten eine Fülle von Einkaufsmöglichkeiten. Hochwertige Produkte wie Goldschmuck, Silberwaren, Ikonen, Leder- und Pelzbekleidung sowie Teppiche sind allerdings nicht ganz billig. Daher sollte man sich die Zeit nehmen, Qualität und Preise miteinander zu vergleichen.

Inseltypische Souvenirs sind die meist in leuchtenden Farben mit Tieren und Segelschiffen bemalten **Keramikteller** und **-vasen** sowie **Teppiche** und **Kelims** aus den Webereien von Archangelos [Nr. 13].

Kunstvolles Souvenir: gute Kopien alter Ikonen sind als Mitbringsel sehr beliebt

Verlockungen für die Dame: mit einem einladenden Lächeln verkaufen sich sommerlich leichte Ledersandalen in der Basarstraße Odos Sokratous in Rhodos-Stadt

Sie werden noch heute in Handarbeit nach traditionellen Mustern gefertigt. Daneben findet man ein reiches Angebot an feinen **Stickarbeiten**, besonders Decken mit floralen Mustern. Ein beliebtes Souvenir sind auch **Naturschwämme**, die allerdings längst nicht alle aus der Region stammen. In Griechenland wird einzig auf der Insel Kalimnos noch nach Schwämmen getaucht. Wer maßgeschneiderte **Anzüge** und **Hemden** mit nach Hause nehmen möchte, erfährt die Adressen von bewährten Schneidern in den großen Hotels.

Kunstgegenstände, die älter sind als 100 Jahre, dürfen nicht ausgeführt werden. Wer eine Kopie einer alten Ikone erwirbt, sollte sich deshalb vom Händler eine Bestätigung für die Zollkontrolle ausstellen lassen.

Essen und Trinken

Die Hauptmahlzeiten werden in Griechenland später eingenommen als in Mitteleuropa. Mittags setzt man sich meist nach 13 Uhr, oft auch erst zwischen 14 und 15 Uhr zu Tisch, abends nicht vor 20 Uhr.

Restaurants

Estiatorio: Einfaches Speiselokal.

Taverna: Gemütliches Restaurant, in dem Vorspeisen, Hauptgerichte und Wein angeboten werden.

Psarotaverna: Es gibt hauptsächlich Fisch.

Pitseria: Das Lokal für Pizza und kleine, schnelle Gerichte.

Ouzerie: Zum Ouzo, dem mit Eis oder Wasser verdünnten Anisschnaps, werden kleine Happen und Salate gereicht.

Kafenion: Treffpunkt und Nachrichtenbörse für Männer; hier gibt es Getränke, dazu gelegentlich Kleinigkeiten zu essen.

Sacharoplasteio: Das Kuchenparadies; wenn Cafétische aufgestellt sind, kann man hier gut verweilen.

Die **Speisekarten** sind in griechisch und englisch abgefasst, häufig auch in deutsch und italienisch. Nicht alles darauf ist immer zu haben, nicht alles, was zu haben ist, steht darauf.

Getränke

Das in allen Restaurants in Karaffen angebotene Wasser ist meist unbedenklich. Abgefülltes Tafelwasser, z. B. der Marke ›Ataviros‹, und die bekannten **Erfrischungsgetränke** sind jedoch überall erhältlich. Sehr zu empfehlen sind frisch gepresste Fruchtsäfte. Beim **Bier** hat man die Auswahl zwischen dem original griechischen ›Mythos‹ und den als Lizenz in Griechenland gebrauten europäischen Marken ›Heineken‹ oder ›Carlsberg‹.

Der griechische **Kaffee** wird meist als Mokka aufgekocht und dampfend heiß in winzigen Tassen serviert. Man trinkt ihn *sketo*, ohne Zucker, *metrio*, mittelsüß, oder *poli glyko*, sehr süß. Wer große Tassen vorzieht, erhält löslichen Kaffee, der in den Sommermonaten eisgekühlt (Café Frappe) besonders beliebt ist.

Der griechische Anisschnaps **Ouzo** wird mit Wasser oder Eis verdünnt. Zu dem milchig-weißen Getränk werden meist kleine Häppchen wie Nüsse, Käsestücke oder Apfelscheiben serviert.

Rhodos ist ein gutes Weinbaugebiet, hier werden Rotweine (aus der Rebsorte Mandelari) und trockene Weißweine (aus der Rebsorte Athiri) gekeltert. Als besonders edlen **Weißwein** mit Chablis-Charakter stellt man aus der Athiri-Traube den Auslesewein ›Villaret‹ her. Gute trockene Weißweine sind ›Lindos‹ (das ist in diesem Fall keine Ursprungsbezeichnung!) und ›Ilios‹. Unter den **Rotweinen** ist ›Chevalier de Rhodes‹ hervorzuheben; ganz köstlich, fruchtig und voll schmeckt der **Roséwein** ›Gran Rosé‹. Außer der Großkellerei ›CAIR‹ ist die Kellerei ›Emery‹ in Embonas für den rhodischen Weinbau wichtig. Geharzten Retsina-Weinstellt man auf Rhodos nicht her, man kann ihn aber in Läden und Tavernen bekommen.

Frische Fische, bunte Gemüse

Auf Rhodos isst man griechisch, doch das muss nicht zwangsläufig bäuerlich-einfach bedeuten. Viele Tavernen bemühen sich, ihre Gäste nicht nur mit Bauernsalat und trockenen gegrillten Lammkoteletts abzuspeisen. Die griechische Küche bietet eine hervorragende Auswahl an **Vorspeisen** (Mesedes), von denen Dolmadakia (gefüllte Weinblätter), Marides (winzige knusprig gebratene Fische, die man mit den Gräten isst), Skordalja (eine Knoblauchcreme) und Tsatziki (Joghurt mit Knoblauch und geraspelter Gurke) besonders empfehlenswert sind. In den heißen Sommermonaten ist Choriatiki (Bauernsalat) aus Gurken, Tomaten, Zwiebeln, Oliven und einem Stück Schafskäse beliebt, Vor- und Nachsaisonurlauber erfreuen sich an der Psarosoupa (Fischsuppe, mit Zitrone, zuweilen auch mit Minze oder Dill gewürzt).

Als **Hauptgericht** isst man gerne Fisch und Meeresfrüchte. Da der Fischfang rund um Rhodos jedoch mühsam und wenig ertragreich ist, sind diese Gerichte teuer. Tsipura (Brassen), Glossa (Seezungen), Barbuni (Barben), Kalamaria und Oktapodi (Tintenfische) sowie Garides (Scampi) werden nicht nur vom Grill, sondern auch gebraten oder gedünstet serviert und sind ein echter Gaumengenuss. An **Fleischgerichten** wird in griechischen Restaurants hauptsächlich Lamm (Arnaki) serviert, etwa Brisoles (Kotelett), Souvlaki (Fleischspieß) oder Keftedes (Hackfleischbällchen). Knusprig gegrilltes und gut gewürztes Kotopoulo (Huhn) schmeckt köstlich, ebenso wie Stifado, eine Art Gulasch, das zusammen mit Gemüse und Kräutern kräftig geschmort wird. Die griechische Küche bietet auch **Aufläufe** wie Pastitsio (Nudeln mit Hackfleisch) und Moussaka (Auberginen mit Kartoffeln). Auf Rhodos wächst eine Reihe wohlschmeckender Gemüse: Tomaten, Gurken, Kürbis, Paprika, Zucchini und die fein säuerlichen Okraschoten, die allerdings meist nur als Beilagen serviert werden. Eine Delikatesse sind Anginares (Artischocken).

Zum ›Deser‹, dem **Nachtisch**, gibt es viel Süßes. Besonders beliebt sind cremiger Milchreis oder Jaurti (Joghurt), außerdem die Fülle der einheimischen Früchte, Peponi (Zuckermelonen), Karpousi (Wassermelonen), Stafili (Weintrauben), Sika (Feigen), zudem viele Zitrusfrüchte. Bei süßem Gebäck wird an Mandeln, Nüssen und Honig nicht gespart – wie in den orientalischen Nachbarländern.

Anlass zu feierlicher Fröhlichkeit: die Patronatsfeste rhodischer Kirchen und Klöster werden meist mit Prozessionen eingeleitet

Feste und Feiern

Feiertage

Gesetzliche Feiertage: 1. Januar (*Protochronia*, Neujahr), 6. Januar (*Theofania*, Dreikönigstag), Februar (Beginn der Fastenzeit mit dem *Kathari Deftera*, dem Reinen Montag), 25. März (*Ethniki Yorti Ikostis Pentis Martiou*, Unabhängigkeitstag), März/April (*Megali Paraskevi*, Karfreitag, und *Pascha Anastassi*, Ostern), April/Mai (*Pentikosti*, Pfingsten), 1. Mai (*Ergatiki Protomagia*, Tag der Arbeit), 15. August (*Kimisis tis Theotokou*, Mariä Entschlafung), 28. Oktober (*Epetios tou Ochi*, Nein-Tag, Gedenktag der Ablehnung des italienischen Ultimatums 1940), 25./26. Dezember (*Christougenna*, Weihnachten).

Epetios tou Ochi: Paraden begleiten den Nationalfeiertag des ›Nein‹ am 28. Oktober

Feste

Das ganze Jahr hindurch werden in vielen rhodischen Städten und Dörfern *Panigiri*, Kirchweihfeste, zu Ehren der jeweiligen Kirchenpatrone gefeiert. Auf dem Programm stehen meist Musik, Tanz und Essen sowie Gottesdienste und Prozessionen. Im EOT-Büro der Greek National Tourism Organization in Rhodos-Stadt [s. S. 126] ist eine Liste der Heiligenfeste auf allen Inseln des Dodekanes mit genauen Terminen erhältlich.

Januar

1. 1.: *Agios Vassilios*, vielerorts werden Geschenke statt an Weihnachten erst am Neujahrstag verteilt. Zudem gibt es den Neujahrskuchen mit eingebackener Münze – wer sie findet, darf auf ein glückliches Jahr hoffen.

6. 1.: Am Dreikönigstag wird im Mandraki-Hafen von Rhodos-Stadt das Meerwasser gesegnet: Ein großes, an einem Seil hängendes Kreuz wird von einem Priester ins Meer geworfen und von jugendlichen Tauchern geborgen.

Februar/März

Rosenmontag: *Karnevalsumzug* in Kremasti

März/April

Ostern, das wichtigste Fest der orthodoxen Kirche, fällt auf den Sonntag, der dem ersten Vollmond nach Frühlingsanfang

(21. März) folgt. In der *Osternacht* um Mitternacht entzündet der Priester eine Kerze, die Gläubigen reichen das Kerzenlicht von einem zum anderen, und Kinder brennen ein Feuerwerk ab.

Sonntag und Montag nach Ostern: *Agios Thomas*, Fest bei der Kirche des Heiligen an der Straße zwischen Messanagros und Lahania [s. S. 91].

23. 4.: *Agios Georgios*, beliebtes Volksfest vor allem in Rhodos-Stadt, Malona und Arnitha.

Mai

1. 5.: *Tag der Arbeit*. Man schmückt die Häuser mit Blumen und macht Ausflüge ins Grüne.

In Rhodos-Stadt wird ein Blumenfest mit großem Umzug ›Anthestitia‹ veranstaltet. Der jährlich wechselnde Festtermin ist im EOT-Büro der Greek National Tourism Organization in Rhodos-Stadt [s. S. 126] zu erfragen.

20./21. 5.: *Agios-Kostantinos-Agia-Eleni*, Kloster Moni Thari

Juni

14.–15. 6.: *Agios Amos*, Faliraki

24. 6.: Zur Sonnenwende werden Feuer entzündet.

28./29. 6.: *Agios Pavlos*, Lindos

Juli

6./7. 7.: *Agia Kyriaki*, Kalathos

12./13. 7.: Im Kloster Moni Kamirou westlich von Massari wird in Gedenken an die Verkündigung Mariä durch den Erzengel ein fröhliches Fest gefeiert.

16./17. 7.: *Agia Marina*, Apolakkia

19./20. 7.: *Agia Filomena*, Arnitha. Am selben Tag pilgert man hinauf zum Profitis Ilias und gedenkt des Propheten Elias.

25./26. 7.: *Agios Paraskevi*, Ialyssos und Katavia

27. 7.: *Agios Pantalemon*, Rhodos-Stadt und Siana

29./30. 7.: *Agios Soulas*, auf einem Berg nahe der Ortschaft Soroni. Hauptattraktion der Feierlichkeiten sind Eselrennen.

August

5./6. 8.: *Metamorfosis*, die orthodoxen Gläubigen feiern die Verklärung Christi, besonders schön in Kiotari.

14./15. 8.: *Kimisis tis Theotokou*, Mariä Entschlafung. In vielen Dörfern wird ein großes Fest gefeiert. In Kremasti dauert es neun Tage lang (14.–23. 8.). Es ist das größte Volks- und Trachtenfest des Dodekanes.

21./22. 8.: *Panagia Ipseni*, Lardos.

23. 8.: *Jungfrau von Kremasti*, Kremasti

26./27. 8.: *Agios Fanourios*, Rhodos-Stadt

September

7./8. 9.: *Mariä Geburt*, Kloster Moni Tsambika und Moni Skiadi. *Erzengel Michael*, Kamiros

13./14. 9.: *Timios Stavros*, Fest zu Ehren des hl. Kreuzes Christi, in Apollonas und anderen Orten.

Oktober

18. 10.: *Agios Loukas*, Afandou bei Faliraki

November

7.–9. 11.: *Archangelos Michael*, Rhodos-Stadt und Archangelos

9. 11.: *Agios Nektarios*, Faliraki

14. 11.: *Agios Kostantinos*, der Schutzheilige der Insel Rhodos wird mit einem Gottesdienst und einer großen Prozession, an der alle vier Bischöfe des Dodekanes teilnehmen, in Rhodos-Stadt gefeiert.

20./21. 11.: *Agios Andreas*, Paradissi

Klima und Reisezeit

Rhodos bietet 260 Sonnentage im Jahr und einen Sommer, der schon im Mai beginnt und bis in den Oktober andauert. Das mediterrane Klima beschert der Insel fast regenlose Sommermonate mit subtropischen Temperaturen und milde, aber regenreiche Winter.

Die Monate Mai und Juni, wenn es schon warm ist, die Insel aber noch in voller Blütenpracht steht, sowie September und Oktober sind die besten **Reisezeiten** für Urlauber, die über Land fahren oder die Insel erwandern wollen.

In den heißen Sommermonaten Juli und August, wenn die Temperaturen bis auf 40 °C klettern, hält man es fast nur am Strand aus. Erfrischung bringen dann die **Meltemi-Winde** aus Norden oder Nordwesten – sie kommen meist am späten Vormittag auf, flauen dann gegen Abend ab, steigern sich aber an manchen Tagen sogar zum Sturm. Wer Wind weniger schätzt, quartiert sich lieber an der Ostküste ein.

Klimadaten Rhodos

Monat	Luft (°C) min./max.	Wasser (°C)	Sonnen-std./Tag	Regen-tage
Januar	7/15	17	5	14
Februar	8/16	16	5	10
März	9/17	16	7	8
April	11/21	17	9	3
Mai	15/25	19	10	3
Juni	19/30	21	12	0
Juli	21/32	23	13	0
August	22/33	25	12	0
September	19/29	24	11	1
Oktober	15/25	22	8	6
November	12/21	20	6	7
Dezember	9/17	18	4	13

Kultur live

Das alljährlich in Rhodos-Stadt veranstaltete **Sommerfestival** bietet Theater, Oper, Ballett, klassische Konzerte und griechische Musik. Außerdem finden in den Gartenanlagen vor dem Großmeisterpalast (Eingang Platia Rimini) mehrmals wöchentlich Ton- und Licht-Schauen statt, auch in deutscher und englischer Sprache. Ein Kalender mit den Terminen kultureller Veranstaltungen ist im EOT-Büro der Greek National Tourism Organization in Rhodos-Stadt [s. S. 126] erhältlich.

Museen und Kirchen

Die Öffnungszeiten der **Museen** sind uneinheitlich. Detaillierte Angaben finden sich im Haupttext. Die **Kirchen** kleinerer Ortschaften sind häufig verschlossen, meist können der Pfarrer oder Nachbarn behilflich sein. In Rhodos-Stadt findet man die Gotteshäuser bisweilen auch zu den angeschlagenen Öffnungszeiten verschlossen vor.

Nachtleben

Rhodos-Stadt ist für sein turbulentes Nachtleben während der Sommermonate bekannt. In der Hauptsaison finden Nachtschwärmer aber auch in den Touristenzentren *Faliraki* und *Ialyssos* eine gute Auswahl an Unterhaltungsangeboten. Neben zahllosen **Diskotheken** und **Nachtklubs** sind **Busuki-Lokale** eine Attraktion, die allabendlich griechische Live-Musik anbieten (Adressenliste bei Golden Sun Holidays, s. S. 126). Meist dauert es nicht lange, bis die Stimmung steigt und die Gäste spontan anfangen zu tanzen. Auch die großen Hotels bieten regelmäßig **folkloristische Abende** mit Musik- und Tanzprogramm.

Attraktion in der Neustadt von Rhodos-Stadt ist das **Spielcasino**, das 1999 in der traditionsreichen Grande Albergo delle Rose eröffnet wurde. Gespielt werden American Roulette, Blackjack, Caribbean Stud Poker, außerdem stehen 300 Slot Machines für die Spieler bereit.

Sport

Auf Rhodos steht **Wassersport** natürlich an erster Stelle, doch die Insel bietet auch Urlaubern, die andere Sportarten wie Golfen oder Reiten ausüben wollen, gute Bedingungen.

Angeln

Angeln im Meer ist überall erlaubt, bevorzugt wird die Ostküste (bei Kallithea, Lindos und Gennadi), günstig ist aber auch das Revier von Kamiros und Kamiros Skala. Auskünfte erhält man beim Hafenamt von Rhodos-Stadt, Tel. 22 41 02 22 20.

Golf

Ein 18-Loch-Golfplatz – einer der wenigen in Griechenland – ist der *Omilos Golf*

Nichts für schwache Nerven: Parachuting über der Strandmeile von Ialyssos

Auf Schusters Rappen unterwegs: wenig befahrene Erdpisten im hügeligen Hinterland von Rhodos laden zu bequemen Wanderungen durch einsame grüne Landschaften ein

Club Afandou, 22 km südlich von Rhodos-Stadt, Tel./Fax 22 41 05 14 51 [s. S. 56].

Radsport

Das hügelreiche Inselinnere bietet sich – bei entsprechender Kondition – für schöne Radtouren an. Fahrräder, auch Mountainbikes, können an mehreren Orten entliehen werden (u.a. bei Sarris in Rhodos-Stadt, Griva 39, Tel. 22 41 02 83 15), nicht immer aber die Ausrüstung wie Helm oder Gelenkschützer.

Reiten

Reitställe findet man in der Nähe der großen Ferienzentren südlich von Rhodos-Stadt, z.B. den *Kadmos Riding Club* in Asgourou, Tel. 22 41 09 66 51, mobil 69 44 72 69 22. Auskunft über weitere Reitmöglichkeiten erteilt das EOT-Büro der Greek National Tourism Organization in Rhodos-Stadt [s. S. 126].

Segeln

In den Touristenzentren auf Rhodos kann man Segelboote und Jachten mit und ohne Besatzung chartern, auch Segelunterricht wird vielfach angeboten.

Der Jachthafen Mandraki in Rhodos-Stadt verfügt über Einrichtungen für Wasser-, Strom- und Treibstoffversorgung sowie den Verkauf von Schiffsbedarf. Auch besteht die Möglichkeit, Schiffe reparieren zu lassen (Hafenamt, Tel. 22 41 02 22 20). Bei starken Ost- und Südostwinden ist die Einfahrt in den Hafen schwierig bis unmöglich.

Information: *MAS Travel*, Posidon 38, Piräus T.K. 18531, Tel. 21 04 13 10 00, Fax 21 0411 20 44, mas@mastravel.gr

Offshore Sailing Club of Rhodes, Tel./Fax 22 41 03 48 78, www.asiathr.gr

Surfen

Die Westküste und die Südspitze der Insel sind wegen der besonders nachmittags regelmäßig auftretenden starken Winde ein attraktives Surfgebiet. Anfänger bevorzugen die weniger windanfällige Ostküste. An zahlreichen Stränden haben sich Surfschulen (mit Verleih) angesiedelt, mehrere z. B. in Ixia wie die *Windsurfer World*, Tel. 22 41 02 49 95.

Information: *Pro Center*, am Strand von Ialyssos, Tel./Fax 22 41 09 58 19
sowie in Prassonisi, Tel. 22 44 09 10 45

Tauchen

Schnorcheln ist überall erlaubt, Tauchen mit Sauerstoffflasche ohne die Begleitung eines geprüften, lizensierten Tauchlehrers ist, um den archäologischen Unterwasserraub zu verhindern, verboten. Die besten Reviere liegen bei Kallithea und an der Ladiko Bay. Zahlreiche Tauchschulen geben Unterricht und bieten Exkursionen in die faszinierende Unterwasserwelt an, u. a. *Dive Med Centre*, Tel. 22 41 06 11 15, Fax 22 41 06 65 84, und *Trident Scuba Diving School*, Tel. 22 41 02 91 60, Mobil 69 44 36 84 44, www.tridentdivingschool.com, oder *Waterhoppers Diving School*, Tel. 22 41 03 81 46.

Information: *Rhodos Subaqua Center*, am Mandraki-Hafen in Rhodos-Stadt, Tel. 2 24 10 73 36 54

Wandern

Das Inselinnere bietet sich, besonders im Frühjahr und Herbst, zu ausgedehnten

Wanderungen an. Durchgängig ausgeschilderte Wanderwege gibt es jedoch kaum, ebenso wie detaillierte Wanderkarten. Einige deutsche Reiseveranstalter bieten Wanderreisen auf Rhodos an, geführte Tagestouren kann man auch bei örtlichen Veranstaltern buchen.

Zur Ausrüstung gehören knöchelhohe Wanderschuhe (wegen Dornen und evtl. auch Schlangen), lange Hosen, Kopfbedeckung und ausreichend Wasser.

Statistik

Lage: Rhodos liegt vor der kleinasiatischen Küste, durch eine ca. 20 km breite Meerenge von der Halbinsel Bozburun getrennt. Als größte Insel des Dodekanes, des aus zwölf Eilanden bestehenden Archipels in der östlichen Ägäis, gehört Rhodos zum Rest einer Landbrücke zwischen dem Peloponnes und Kleinasien, die im Tertiär überflutet wurde.

Fläche/Bevölkerung: Rhodos misst 78 km in Nord-Süd-Ausdehnung und max. 35 km in West-Ost-Richtung und hat 220 km Küstenlinie. Mit 1398 km^2 ist Rhodos nach Kreta, Euböa und Lesbos die viertgrößte Insel Griechenlands. Die Hälfte der etwa 120 000 Inselbewohner (Zählung im Jahr 2000) lebt in Rhodos-Stadt.

Religion: Die Bewohner gehören fast ausschließlich dem griechisch-orthodoxen Glauben an. Daneben gibt es winzige jüdische und muslimische Minderheiten. Rhodos-Stadt ist Sitz eines der vier Metropoliten (Bischof bzw. Erzbischof der griechisch-orthodoxen Kirche) des Dodekanes.

Verwaltung: Griechenland ist seit 1986 eine parlamentarisch-demokratische Republik. Das Staatsgebiet ist in zehn Regierungsbezirke eingeteilt, einer davon umfasst die Inseln des Dodekanes. Rhodos ist Sitz des ›Nomarchen‹ (vergleichbar einem Regierungspräsident) des Dodekanes.

Wirtschaft: Gemüse und Obst, Wein und Oliven sind die wichtigsten Produkte der Landwirtschaft, die lange Zeit das bedeutendste ökonomische Standbein der Insel war. Die Einnahmen aus der Landwirtschaft machen heute schätzungsweise nur noch ein knappes Fünftel des rhodischen Bruttosozialproduktes aus. Seit den 1970er-Jahren ist der Tourismus zum hervorragenden wirtschaftlichen Faktor geworden. Mit über 1 Mio. Besuchern jährlich gehört Rhodos zu den wichtigsten Urlaubsgebieten Griechenlands.

Unterkunft

Apartments

Das Angebot an Apartments und Ferienwohnungen, meist für 2–4 Personen, ist gut und wächst noch immer weiter. Während der Hochsaison empfiehlt sich Vorausbuchung.

Camping

Wildes Zelten auf Rhodos ist verboten, Übernachten am Strand unter freiem Himmel nicht gern gesehen.

Große Hotelanlagen wie an der Vlicha-Bucht bei Lindos mit schönem Meerblick und weitem Sandstrand vor der Tür bieten Urlaubskomfort von früh bis spät

Hotels

Hotels auf Rhodos sind in die Kategorien L (Luxus), A, B, C, D und E eingeteilt. Ein Verzeichnis unter dem Titel ›Rhodos – Sonnennymphe/Hotels und touristische Gebiete‹ wird von der *Organisation zur Förderung des Tourismus auf Rhodos*, Plotarchou Blessa 3, 85100 Rhodos, Tel. 2 24 10 74 55 56, Fax 22 41 07 45 58, herausgegeben und ist auch bei der Griechischen Zentrale für Fremdenverkehr [s. S. 125] erhältlich. Die in den Praktischen Hinweisen verwendete **Klassifikation** von **** bis * entspricht etwa den griechischen Kategorien Luxus, A, B und C und legt folgende durchschnittliche Preisklassen für Doppelzimmer (meist) ohne Frühstück zugrunde:

****	(Luxus) über 100 €
***	70–100 €
**	35–70 €
*	bis 35 €

Die Zimmerpreise werden zwar amtlich kontrolliert, können aber je nach Saison schwanken. **Reservieren** kann man entweder direkt beim jeweiligen Hotel, über die *Vereinigung der Hoteliers von Rhodos* [s. S. 126] oder über die *Hellenic Chamber of Hotels*, Stadiou 24, 10559 Athen, Tel. 2 10 33 10 02 26, Fax 21 03 22 54 49

Privatzimmer

Das Angebot an Privatzimmern ist auf Rhodos gering. Wer einfache und preiswerte Zimmer sucht, hat in Rhodos-Stadt die Möglichkeit, sich in Pensionen oder Hotels der untersten Preisklassen einzuquartieren (Liste beim EOT-Büro der Greek National Tourism Organization in Rhodos-Stadt, s. S. 126).

Verkehrsmittel im Land

Bus

Ein dichtes Autobusnetz verbindet Rhodos-Stadt mit fast allen touristisch interessanten Orten. Busse in den östlichen Teil der Insel fahren von der Platia Rimini ab, in den westlichen Teil von der Odos Averof. Die Fahrpläne sämtlicher Busse sind im EOT-Büro der Greek National Tourism Organization in Rhodos-Stadt [s. S. 126] erhältlich.

Fähre

Mehrere Reedereien bedienen die Strecke Rhodos–Piräus, in den Sommermonaten täglich, in den übrigen Jahreszeiten mehrmals in der Woche [s. S. 127]. Außerdem werden die übrigen Inseln des Dodekanes und einige Inseln der Kykladen, z. B. Milos und Thira (Santorini), von Rhodos aus angefahren. Sehr beliebt sind Tagesausflüge nach Simi und Chalki sowie – mit schnellen Tragflügelbooten – zum türkischen Marmaris.

Offiziell festgelegt: Taxipreise auf Rhodos

Mietwagen

Wer einen Leihwagen mieten will, muss mindestens 21 Jahre alt sein und einen gültigen Führerschein sowie ein Jahr Fahrpraxis vorweisen können. Die gängigen internationalen Mietwagenfirmen sind auf Rhodos präsent. Lokale Autoverleiher sind jedoch preiswerter und oftmals ebenso zuverlässig. Generell sollte man bei Vertragsabschluss den Wagen auf seine Funktionstüchtigkeit überprüfen und Schäden protokollieren lassen.

Für Mitglieder bietet die **ADAC-Autovermietung GmbH** günstige Konditionen. Buchungen über ADAC-Geschäftsstellen oder unter Tel. 0 18 05/31 81 81 (0,12 €/ Min.). Umfangreiches **Informations- und Kartenmaterial** können Mitglieder des ADAC kostenlos bei ihren Geschäftsstellen oder unter Tel. 0 18 05/10 11 12 (0,12 €/ Min.) anfordern. Zudem sind im ADAC Verlag die Länderkarte *Griechenland* (1:500 000) und das Reisemagazin *Griechische Inseln* erschienen.

Taxi

An der Platia Rimini in Rhodos-Stadt ist ein zentraler Taxistand. Hier und auch an anderen touristischen Plätzen der Insel sind auf einer großen Tafel die offiziell gültigen Tarife für Fahrten in die Inselorte aufgelistet. Eine Übersicht über die Taxipreise für Fahrten außerhalb von Rhodos-Stadt ist im EOT-Büro in Rhodos-Stadt [s. S. 126] erhältlich.

Sprachführer
Griechisch für die Reise

Das Wichtigste in Kürze

Ja / Nein	Nä / 'Ochi	Ναι / Όχι
Bitte / Danke	Paraka'lo / Efchari'sto	Παρακαλώ / Ευχαριστώ
Entschuldigung!	Si'gnomi	Συγνώμη!
Wie bitte?	O'riste	Ορίστε;
Ich verstehe Sie nicht.	δen sas katala'wäno	Δεν σας καταλαβαίνω.
Können Sie mir bitte helfen?	Bo'rite na me woi'θisete, paraka'lo	Μπορείτε να με βοηθήσετε, παρακαλώ;
Das gefällt mir (nicht).	A'fto (den) mu a'ressi	Αυτό (δεν) μου αρέσει.
Ich möchte ...	'θelo ...	Θέλω...
Haben Sie ...?	'Echete ...	Έχετε... ;
Wie viel kostet ...?	'Posso kostisi ...	Πόσο κοστίζει...;
Kann ich mit Kreditkarte bezahlen?	Bo'ro na pli'rosso me pistoti'ki 'karta	Μπορώ να πληρώσω με πιστωτική κάρτα;
Wie viel Uhr ist es?	Ti 'ora 'inä	Τι ώρα είναι;
Guten Morgen!	Kali'mera	Καλημέρα!
Guten Tag!	Kali'mera / 'Chärete	Καλημέρα! / Χαίρετε!
Guten Abend!	Kali'spera	Καλησπέρα!
Gute Nacht!	Kali'nichta	Καληνύχτα!
Hallo! / Grüß Dich!	Jassu	Γεια σου!
Wie ist Ihr Name, bitte?	Poss 'inä to 'ono'ma sas, paraka'lo	Πώς είναι το όνομά σας, Παρακαλώ;
Mein Name ist ...	To'ono'ma mu 'inä ...	Το όνομά μου είναι...

Wochentage

Montag	δe'ftera	Δευτέρα
Dienstag	'Triti	Τρίτη
Mittwoch	Te'tarti	Τετάρτη
Donnerstag	'Pempti	Πέμπτη
Freitag	Paraske'wi	Παρασκευή
Samstag	'Sawwato	Σάββατο
Sonntag	Kiria'ki	Κυριακή

Monate

Januar	Ianu'arios	Ιανουάριος
Februar	Fewru'arios	Φεβρουάριος
März	'Martios	Μάρτιος
April	A'prilios	Απρίλιος
Mai	'Maios	Μάϊος
Juni	'Iunios	Ιούνιος
Juli	'Iulios	Ιούλιος
August	'Awgustos	Αύγουστος
September	Se'ptemwrios	Σεπτέμβριος
Oktober	O'ktowrios	Οκτώβριος
November	No'emwrios	Νοέμβριος
Dezember	δe'kemwrios	Δεκέμβριος

Zahlen

0	mi'den	μηδέν	19	δekae'nnia	δεκαεννιά
1	'ena	ένα	20	'ikossi	είκοσι
2	'Dio	δύο	21	ikossi'ena	εικοσιένα
3	'tria	τρία	22	ikossi'dio	εικοσιδύο
4	'tessera	τέσσερα	30	tri'anta	τριάντα
5	'pente	πέντε	40	sa'ranta	σαράντα
6	'exi	έξι	50	pe'ninta	πενήντα
7	e'fta	επτά	60	e'xinta	εξήντα
8	o'chto	οκτώ	70	ewδo'minta	εβδομήντα
9	e'nnia	εννιά	80	o'gδonta	ογδόντα
10	'deka	δέκα	90	ene'ninta	ενενήντα
11	'enteka	έντεκα	100	eka'to	εκατό
12	'δodeka	δώδεκα	200	δia'kossia	διακόσια
13	δeka'tria	δεκατρία	1000	'chilia	χίλια
14	δeka'tessera	δεκατέσσερα	2000	'δio chili'ades	δύο χιλιάδες
15	δeka'pente	δεκαπέντε	10000	'δeka chili'ades	δέκα χιλιάδες
16	δeka'exi	δεκαέξι	100000	eka'to chili'ades)	εκατό χιλιάδες
17	δekae'fta	δεκαεφτά	1/2	mi'sso	μισό
18	δekao'chto	δεκαοχτώ	1/4	'ena 'tetarto	ένα τέταρτο

Wie geht es Ihnen?	Poss 'isste	Πώς είστε
Auf Wiedersehen!	A'dio	Αντίο!
Tschüs!	'Jassu	Γεια σου!
gestern / heute / morgen	Chtess / 'simera / 'awrio	Χτες / σήμερα / αύριο
am Vormittag / am Nachmittag	Pro messi'mwrias / me'ta messi'mwria	προ μεσημβρίας / μετά μεσημβρία
am Abend / in der Nacht	to 'wraδi / ti 'nichta	το βράδυ / τη νύχτα
um 1 Uhr / um 2 Uhr …	stiss 1 i 'ora / stiss 2 i 'ora …	στις 1 η ώρα / στις 2 η ώρα …
um Viertel vor (nach) …	pa'ra 'tetarto (kä) …	παρά τέταρτο (και) …
um … Uhr 30	stiss … 'ora kä 30	στις … ώρα κα ι30
Minute(n) / Stunde(n)	le'pto(a) / 'ora(es)	λεπτά / ώρα (ες)
Tag(e) /Woche(n)	i'mera(es) / ewδo'mada(es)	ημέρα (ες) / εβδομάδα (ες)
Monat(e) / Jahr(e)	'minas(es) / 'etos(i)	μήνας (ες) / έτος (η)

Unterwegs

Nord / Süd /West / Ost	Wo'rras/'Notos/'δissi/Anato'li	Βορράς / Νότος / Δύση / Ανατολή
geöffnet / geschlossen	ani'chto / kli'sto	ανοιχτό / κλειστό
geradeaus / links / rechts / zurück	ef'θia / ariste'ra / δexi'a / 'piso	ευθεία / αριστερά / δεξιά / πίσω
nah / weit	ko'nta / makri'a	κοντά / μακριά
Wie weit ist …?	'Posso makri'a 'inä …	Πόσο μακριά είναι …;
Wo sind die Toiletten?	Pu 'inä i tua'letes	Πού είναι οι τουαλέτες;
Wo ist die (der) nächste …	Pu 'inä i(o) e'pomeni(os) …	Πού είναι η(ο) επόμενη (ος) …
Telefonzelle /	tilefoni'kos 'θalamos /	τηλεφωνικός θάλαμος /
Bank /	'trapesa /	τράπεζα /
Geldautomat /	a'ftomato chri'maton /	αυτόματο χρημάτων /
Post /	tachiδro'mio /	ταχυδρομείο /
Polizei?	astino'mia	αστυνομία;
Bitte, wo ist …	Paraka'lo pu 'inä …	Παρακαλώ πού είναι …
der Fährhafen /	to li'mani ton feri'bot /	το λιμάνι των φεριμποτ /
der Flughafen?	to aero'δromio	το αεροδρόμιο;
Wo finde ich …	Pu θa wro …	Πού θα βρω …
eine Bäckerei /	'enan 'furno /	έναν φούρνο /
ein Lebensmittelgeschäft /	'ena ka'tastima tro'fimon /	ένα κατάστημα τροφίμων /
den Markt?	tin ago'ra	την αγορά;
Ist das der Weg/ die Straße nach …?	'Inä af'tos o 'δromos / i o'dos ja …	Είναι αυτός ο δρόμος / η οδός για …;
Ich möchte mit …	'θelo na 'pao me …	Θέλω να πάω με …
dem Bus/	to leofo'rio /	το λεωφορείο /
der Fähre/	to feri'bot /	το φεριμπότ /
dem Flugzeug	to aero'plano	το αεροπλάνο
nach … fahren.	sto …	στο …
Wo ist …	Pu 'inä …	Πού είναι …
das Fremdenverkehrsamt /	i turisti'ki ipire'sia /	η τουριστική υπηρεσία /
ein Reisebüro?	'ena turisti'ko gra'fio	ένα τουριστικό γραφείο;
Ich suche eine Hotelunterkunft.	'Psachno δiamo'ni se xenodo'chio.	Ψάχνω διαμονή σε ξενοδοχείο.
Ich möchte eine Anzeige erstatten.	'θelo na ipo'walo 'minisi	Θέλω να υποβάλω μήνυση.
Man hat mir …	'Kapios mu 'eklepse …	Κάποιος μου έκλεψε …
Geld / die Tasche /	'chrimata / tin 'tsanta /	χρήματα / την τσάντα /
die Papiere / die Schlüssel /	ta charti'a / ta kliδi'a /	τα χαρτιά / τα κλειδιά /
den Fotoapparat /	tin fotografi'ki micha'ni /	την φωτογραφική μηχανή /
den Koffer gestohlen.	tin wa'litsa	την βαλίτσα.

Bank, Post Telefon

Ich möchte Geld wechseln.	'θelo na a'llaxo 'chrimata	Θέλω να αλλάξω χρήματα.
Brauchen Sie meinen Ausweis?	Chri'asesste tin ta'ftoti'ta mu	Χρειάζεστε την ταυτότητά μου;

Hinweise zur Aussprache

' die nachfolgende Silbe wird betont
δ wie englisches ›th‹ in ›the‹, mit der Zungenspitze hinter den Zähnen
θ wie englisches ›th‹ in ›thank‹, mit der Zungenspitze zwischen den Zähnen

Ich möchte eine Telefonverbindung nach …	θa 'iθela tilefoni'ki 'sinδesi gia …	Θα ήθελα τηλεφωνική σύνδεση για…
Haben Sie … Telefonkarten / Briefmarken?	'Echete … tile'kartes / gramma'tossima	Έχετε … τηλεκάρτες / γραμματόσημα;

Tankstelle

Wo ist die nächste Tankstelle?	Pu 'inä to e'pomeno pra'tirio kaf'simon	Που είναι το επόμενο πρατήριο καυσίμων;
Ich möchte … Liter … Super / Diesel / bleifrei / verbleit.	θa 'iθela … 'litra … 'super / 'disel / a'moliwδi / moliwδu'cha.	Θα ήθελα … λίτρα … σούπερ / ντίζελ / αμόλυβδη / μολυβδούχα.
Volltanken, bitte.	Ge'miste, paraka'lo	Γεμίστε, παρακαλώ.
Bitte prüfen Sie … den Reifendruck / den Ölstand / den Wasserstand / die Batterie.	Paraka'lo e'legxte … tin 'piesi stis 'rodes / tin 'stathmi la'dion / tin 'stathmi ne'ru / tin bata'ria	Παρακαλώ ελέγξτε … την πίεση στις ρόδες / την στάθμη λαδιών / την στάθμη νερού / την μπαταρία.

Panne

Ich habe eine Panne.	'Echo 'wlawi	Έχω βλάβη.
Der Motor startet nicht.	O kini'tiras δen a'nawi	Ο κινητήρας δεν ανάβει.
Ich habe kein Benzin.	Den 'echo ka'tholu we'nsini	Δεν έχω καθόλου βενζίνη.
Gibt es hier in der Nähe eine Werkstatt?	I'parchi e'δo ko'nta 'ena sine'rgio	Υπάρχει εδώ κοντά ένα συνεργείο;
Können Sie mein Auto abschleppen?	Bor'ite na rimoulk'isete to aftok'int'o mu?	Μπορείτε να ρυμουλκήσετε το αυτοκίνητό μου;
Können Sie mir einen Abschleppwagen schicken?	Bo'rite na mu 'stilete 'ena rimu'lko	Μπορείτε να μου στείλετε ένα ρυμουλκό ;
Können Sie den Wagen reparieren?	Bo'rite na epidio'rθosete to a'maxi	Μπορείτε να επιδιορθώσετε το αμάξι;
Bis wann?	'Mechri 'pote	Μέχρι πότε;
Ich möchte ein Auto mieten.	'θelo na eniki'aso 'ena afto'kinito	Θέλω να ενοικιάσω ένα αυτοκίνητο.
Was kostet die Miete … pro Tag / pro Woche / mit unbegrenzter km-Zahl / mit Kaskoversicherung / mit Kaution?	'Poso ko'stisi to e'nikio … tin i'mera / tin ewδo'mada / cho'ris periori'smo chilio'metron / me 'pliri a'sfalia / me e'ngiisi	Πόσο κοστίζει το ενοίκιο … την ημέρα / την εβδομάδα / χωρίς περιορισμό χιλιομέτρων / με πλήρη ασφάλεια / με εγγύηση;
Wo kann ich den Wagen zurückgeben?	Pu bo'ro na epi'strepso to a'maxi	Πού μπορώ να επιστρέψω Το αμάξι;

Unfall

Hilfe!	Wo'ithia	Βοήθεια!
Achtung! / Vorsicht!	Proso'chi	Προσοχή!
Rufen Sie bitte schnell … einen Krankenwagen / die Polizei / die Feuerwehr.	Fo'naxte paraka'lo 'grigora … 'ena nosokomia'ko / tin astino'mia / tin piroswesti'ki	Φωνάξτε παρακαλώ γρήγορα … ένα νοσοκομειακό / την Αστυνομία / την Πυροσβεστική.
Es war (nicht) meine Schuld.	(δen) 'eftäxa	(Δεν) έφταιξα.
Ich brauche die Angaben zu Ihrer Autoversicherung.	Chri'asomä ta stichia tis a'sfalias tu aftoki'nitu sas	Χρειάζομαι τα στοιχεία της ασφάλειας του αυτοκινήτου σας.
Geben Sie mir bitte Ihren Namen und Ihre Adresse.	'δoste mu paraka'lo to 'ono'ma kä tin di'efθi'nsi sas	Δώστε μου παρακαλώ το όνομα και την διεύθυνσή σας.

Krankheit

Können Sie mir einen Arzt/Zahnarzt empfehlen?	Bo'rite na mu ipo'δixete 'enan ja'tro / oδo'ntiatro	Μπορείτε να μου υποδείξετε έναν γιατρό / οδοντίατρο;
Wann hat er Sprechstunde?	Pi'es 'ores 'dechetä asθe'nis	Ποιες ώρες δέχεται ασθενείς;
Wo ist die nächste Apotheke?	Pu 'inä to e'pomeno farma'kio	Πού είναι το επόμενο φαρμακείο;

Ich brauche ein Mittel gegen … Durchfall / Fieber / Insektenstiche / Kopfschmerzen/Verstopfung/ Zahnschmerzen.	Chri'asomä 'ena 'farmako gia … δi'aria / pire'to / 'tsimpima e'ntomu / pono'kefalo / δikili'otita / po'noδonto	Χρειάζομαι ένα φάρμακο για…. διάρροια / πυρετό / τσίμπημα εντόμου / πονοκέφαλο / δυσκοιλιότητα / πονόδοντο.

Im Hotel

Können Sie mir bitte ein Hotel empfehlen?	Bo'rite na mu si'stisete 'ena xenodo'chio	Μπορείτε να μου συστήσετε ένα ξενοδοχείο;
Ich habe bei Ihnen ein Zimmer reserviert.	'Echo 'klisi se sas 'ena δo'matio	Έχω κλείσει σε σας ένα δωμάτιο.
Haben Sie …	'Echete …	Έχετε …
ein Einzelzimmer /	'ena mo'noklino δo'matio /	ένα μονόκλινο δωμάτιο /
ein Doppelzimmer …	'ena 'δiklino δo'matio …	ένα δίκλινο δωμάτιο …
mit Dusche /	me dus /	με ντους /
mit Bad …	me 'banio …	με μπάνιο …
für eine Nacht /	ja 'mia 'nichta /	για μία νύχτα /
für eine Woche?	ja 'mia ewδo'mada	για μία εβδομάδα ;
Was kostet das Zimmer …	'Posso ko'stisi to do'matio …	Πόσο κοστίζει το δωμάτιο..
mit Frühstück /	me proi'no /	με πρωϊνό /
mit Halbpension?	me 'ena 'jewma	με ένα γεύμα;

Im Restaurant

Ich suche ein gutes / günstiges Restaurant.	'Psachno 'ena ka'lo / fti'no estia'torio	Ψάχνω ένα καλό / φτηνό εστιατόριο.
Herr Ober! / Kellner! / Bedienung!	'Kirie serwi'tore / Ga'rson	Κύριε σερβιτόρε! / γκαρσόν!
Die Speisekarte, bitte.	Paraka'lo ton ka'talogo fagi'ton	Παρακαλώ τον κατάλογο φαγητών.
Haben Sie vegetarische Gerichte?	'Echete fagi'ta ja fito'fagus	Έχετε φαγητά για φυτοφάγους;
Rechnung! / Bezahlen, bitte!	Ton logaria'smo / Na pli'rosso, paraka'lo	Τον λογαριασμό / Να πληρώσω, παρακαλώ!

Essen und Trinken

Baklava	Bakla'was	Μπακλαβάς
Bauernsalat	Cho'rjatiki sa'lata	Χωριάτικη σαλάτα
Bier	'Bira	Μπύρα
Brot / Brötchen	Pso'mi / pso'maki	Ψωμί / ψωμάκι
Butter	'Wutiro	Βούτυρο
Ei	Aw'go	Αυγό
Essig	'Xiδi	Ξύδι
Fisch	'Psari	Ψάρι
Flasche	Bu'kali	Μπουκάλι
Fleisch	'Kreas	Κρέας
gegrillt	psi'meno sti s'chara	Ψημένο στη σχάρα
Gemüse	Lachani'ka	Λαχανικά
Glas	Po'tiri	Ποτήρι
Huhn	Ko'topulo	Κοτόπουλο
Käse	Ti'ri	Τυρί
Kaffee	Ka'fes	Καφές
Knoblauch	'Skordo	Σκόρδο
Lamm	A'rni	Αρνί
Milchkaffee	Ka'fes me 'ghala	Καφές με γάλα
Mineralwasser (mit / ohne Kohlensäure)	Metalli'ko ne'ro (me / choris anθraki'ko)	Μεταλλικό νερό (με / χωρίς ανθρακικό)
Nachspeise	Epi'δorpio	Επιδόρπιο
Obst	'Fruta	Φρούτα
Öl	'Ladi	Λάδι
Pfeffer	Pi'peri	Πιπέρι
Salz	A'lati	Αλάτι
Tee	'Zai	Τσάϊ
Vorspeisen	Orekti'ka	Ορεκτικά
Wein	Kra'si	Κρασί
Zucker	'Sachari	Ζάχαρη

Register

M

N

O

P

Q

R

Bildnachweis

Umschlag-Vorderseite: Mittelalterliche Windmühlen am Mandraki-Hafen von Rhodos-Stadt (Bilderdienst Huber, Garmisch-Partenkirchen)

Titelseite
Oben: Friedlich liegt das Kloster Moni Thari in lieblicher Landschaft (Wh. von S. 79 unten)
Mitte: In Rhodos-Stadt wird die Nacht schon mal zum Tage (Wh. von S. 43)
Unten: Vom Faraklos-Hügel aus liegt Wanderern die Bucht von Charaki zu Füßen (Wh. von S. 66)

AKG, Berlin: 13 oben, 14 – *edition Vasco, Bühnsdorf:* 10 oben, 13 unten rechts, 47, 48 oben, 89, 91, 124 Mitte links, 130 unten, 132, 135 (Wolfgang Seitz) – *Franz Marc Frei, München:* 34 unten, 85, 97 oben – *Rainer Hackenberg, Köln:* 8/9, 12, 21, 33, 34 oben, 45 (2), 46 (2), 56, 58 (2), 62 unten, 63 oben, 80 oben, 83, 87 unten, 90 unten, 94, 100 unten, 109 oben, 110, 112 (2), 115 unten, 117, 120, 121, 122, 123 oben – *Bildagentur Huber, Garmisch-Partenkirchen:* 130 oben (Stauffenberg) – *Ladislav Janicek, München:* 98 oben – *LOOK, München:* 40 unten, 64, 76/77, 111 (Konrad Wothe) – *Michael Neumann-Adrian, Feldafing:* 41, 59, 123 unten – *Süddeutscher Verlag, Bilderdienst, München:* 15 – *Hubert Stadler, Fürstenfeldbruck:* 7, 87 oben, 101 rechts – *Hanna Wagner, Wörth:* 9 Mitte, 13 unten links, 22, 26 oben, 31 oben, 38 oben, 39, 40 oben, 42 (2), 53, 57 (2), 68/69, 70, 71, 72 unten, 74 oben, 75, 77, 79 oben, 81, 82 (2), 96 (2), 98 unten, 99, 100 oben, 101 links, 109 unten, 115 oben, 118, 119, 124 Mitte rechts – *Ernst Wrba, Wiesbaden:* 2 (ganz unten), 6, 6/7, 8, 9 oben, 10 unten, 11 (2), 16/17, 19, 23 (2), 24 (2), 25, 26 unten, 27 (2), 28, 29, 30, 31 unten, 32, 35, 38 unten, 43, 48 unten, 49, 50, 51, 52, 54, 60, 62 oben, 63 unten, 65, 66, 67, 72 oben, 73, 74 unten, 76, 79 unten, 80 unten, 84, 84/85, 88, 90 oben, 92, 93, 97 unten, 101 Mitte, 102, 104, 105, 106, 107, 108, 124 oben, 124 unten, 127, 128, 129, 133, 134

ADAC
reisemagazin
Reisen mit Lust
und Laune.
Dolomiten
Trentino
Gardasee
GARDASEE
SPECIAL
VERONA, VINO UND VERDI
RIVIERA, LIGURIEN, PIEMONT
Italiens
schönste
Winkel
ITALIEN
DIE RIVIERA
KUBA
Im Rhythmus
der Karibik
Die Reisemagazine
vom ADAC
gibt es für Städte,
Länder und
Regionen.
Alle zwei Monate
neu.
Mallorca
zum Träumen
MALLORCA
MEXIKO
Machos,
Mythen
und Magie
SCHWEIZ
Gipfel-
Treffen für
Genießer
SPANIENS SÜDEN & MADRID
Flamenco
und die Seele
des Südens
SPANIENS SÜDEN
UND MADRID
Bezaubernde
Toskana
Grüne Hügel, weiße Villen, roter Wein
TOSKANA

Leserforum

Die Meinung unserer Leserinnen und Leser ist wichtig, daher freuen wir uns von Ihnen zu hören. Wenn Ihnen dieser Reiseführer gefallen hat, wenn Sie wichtige Hinweise zu den Inhalten haben – Ergänzungs- und Verbesserungsvorschläge, Tipps und Korrekturen – dann schreiben Sie uns:

Redaktion ADAC Reiseführer
ADAC Verlag GmbH
81365 München
verlag@adac.de

Impressum

Lektorat und Bildredaktion: Astrid Rohmfeld
Aktualisierung: Elisabeth Schnurrer
Reproduktion: PHG Lithos GmbH, Martinsried
Karten: Mohrbach Kreative Kartographie, München
Druck, Bindung: Offizin Andersen Nexö, Leipzig

Printed in Germany

ISBN 3-87003-941-8

Gedruckt auf chlorfrei gebleichtem Papier

4., neu bearbeitete Auflage 2005